ПРИНЦИПЫ РАБОТЫ В ГРУППЕ

МЕЖДУНАРОДНАЯ
АКАДЕМИЯ
КАББАЛЫ

УДК 130.12
ББК 87
Л18

Лайтман Михаэль, Барух Ашлаг
Л18 Принципы работы в группе – М: НФ «ИПИ», 2011. – 192 с.

В первой части книги приведены избранные статьи Баруха Ашлага, посвященные принципам работы в группе.

Во второй части книги Михаэль Лайтман комментирует статьи Баруха Ашлага и отвечает на вопросы учеников.

УДК 130.12
ББК 87

ОГЛАВЛЕНИЕ

Барух Ашлаг

СТАТЬИ О ГРУППЕ

О товариществе

Еще попрошу тебя постараться всеми силами укрепить любовь товарищей, придумать различные способы увеличить любовь между членами группы, убрать эгоистические стремления, потому что они приводят к ненависти, а между работающими ради Творца не может быть никакой ненависти, а напротив – милосердие и большая любовь.

Й. Ашлаг. «При хахам, письма», стр. 54.

Все плохое, что происходит с вами, происходит из-за невыполнения моей просьбы: приложить большие усилия в любви к товарищам, необходимость чего я объяснил вам на всех 70 языках, что этого достаточно, чтобы исправить все ваши недостатки.

Й. Ашлаг. «При хахам, письма», стр. 56.

Очень удивлен, что ты мне пишешь, что не можешь понять меня. Так знай, что это только от расслабления в работе. Но что я могу сделать!? Так вот, именно сейчас, когда меня нет среди вас, примите на себя обязанность быть связанными между собой сильным узлом любви.

Й. Ашлаг. «При хахам, письма», стр. 60.

Почему ты не сообщаешь мне, насколько едина группа, увеличивается ли ее единство, идет ли она в этом от победы к победе – ведь это основа всего нашего будущего?

Й. Ашлаг. «При хахам, письма», стр. 74.

Естественно, я хочу объединиться с вами телом и душой в настоящем и будущем, но я не могу действовать, иначе, чем в духовном и в душе. Потому что знаю я вашу душу и могу объединиться с ней, но вы – нет возможности в вашем сердце работать по-другому, кроме как в материальном. Так как не знаете мою духовность, чтобы смогли объединиться с ней, и если поймете это, поймете также, что я не чувствую в себе никакого удаления от вас. Но вы естественно нуждаетесь в физическом контакте. Но это необходимо только для вас и для вашей работы, но не для меня и не для моей работы. И этим я объясняю себе многие вопросы.

Й. Ашлаг. «При хахам, письма», стр. 91.

Как мог абсолютно добрый Творец создать такой несовершенный, злой мир? Как же мог Он задумать создать творения, чтобы страдали в течение всей своей жизни?

Причина и цель всех страданий в мире – дабы человечество осознало, что источник всех его страданий – эгоизм, и отказом от него обретается совершенство.

Оторвавшись от эгоизма, мы отрываемся от всех неприятных ощущений, потому что он обратен Творцу. Все страдания связаны только с эгоизмом нашего тела. Эгоистические желания созданы лишь для их искоренения, а страдания, сопровождающие

эти желания, служат для раскрытия ничтожности и вреда эгоизма.

А когда весь мир согласится освободиться от эгоизма, исключит этим все тревоги и все вредное, и каждый будет уверен в здоровой и полной жизни, потому что у каждого будет весь большой мир, заботящийся о нем.

А пока эгоистические желания порождают тревоги, страдания, убийства и войны. Только эгоизм является причиной всех болей, болезней тела и души. **Все страдания в нашем мире существуют только для того, чтобы раскрыть наши глаза, подтолкнуть нас избавиться от злого эгоизма тела.**

Путь страданий приводит нас к этому желательному решению. И знай, что заповеди отношения к товарищам важнее заповедей отношения к Творцу, потому что отдача товарищам приводит к отдаче Творцу. («Приводит» означает, что только любовь к товарищам приведет к любви к Творцу.)

Статьи Баруха Ашлага, 1984 г.

1. Цель создания группы

Человек изначально сотворен как сосуд для получения наслаждения, называемый любовью к себе, эгоизм. Поэтому, если человек не чувствует, что он что-нибудь получит, он не способен даже на малейшее действие. Но без подавления своего эгоизма невозможно достичь слияния с Творцом, то есть состояния «иштавут а-цура» – сходства свойств и качеств с Ним.

Так как подавление эгоизма противоречит нашей природе, всему нашему существу, то мы нуждаемся в группе единомышленников, которая даст нам большую силу для подавления нами желания получать наслаждения, называемое «зло», потому что именно это желание не дает нам возможности достичь цели, ради которой был сотворен человек.

Поэтому нужна группа, которая объединяла бы людей, у которых есть одно желание – достичь этой цели. В результате этого объединения появится одна огромная сила, которая поможет каждому из нас бороться с самим собой, так как маленькая сила каждого из нас сольется с силами остальных и произойдет умножение силы.

Получается, что у каждого появится огромное желание достичь цели. Но для того, чтобы это произошло, необходимо чтобы каждый из членов группы подавил, принизил свое «Я» относительно остальных. Сделать это можно лишь не замечая недостатки товарища, и, напротив, обращая внимание только на его хорошие качества. Если же один из членов группы считает себя хотя бы чуть-чуть лучше, чем остальные, то он уже не может по-настоящему объединиться с ними.

Во время собрания группы нужно быть серьезным и не отклоняться от цели, ради которой собрались. А целью, как уже было сказано, является достижение слияния с Творцом.

Другие люди, не являющиеся членами группы, не должны знать об этой цели, поэтому человек не должен чем-либо выделяться из среды, в которой он находится.

У членов группы, которые объединяются друг с другом, должны быть подобны желания и цели, чтобы каждый смог принизить себя относительно других.

Члены группы не должны допускать легкомыслие в своем сердце, потому что оно разрушает все. Но если кто-нибудь посторонний случайно попал в собрание группы, нельзя показывать отличие этой группы от других собирающихся, а все должно выглядеть, будто они находятся на одном уровне с незваным гостем.

2. Любовь к товарищам

Сказано: «И нашел его (Иосифа) человек, когда он бродил по полю, и спросил его тот человек, говоря: что ты ищешь? Он ответил: братьев моих ищу я, скажи мне, где они пасут?» Что значит: «человек блуждает по полю»? Под полем подразумевают место, на котором должны вырасти дары земли, дающие пропитание всему миру. Как известно, полевыми работами являются: «пахота», «сеяние» и «жатва». Сказано нашими мудрецами: «То, что со слезами посеяно, с радостью будет сжато». И это называется поле, которое благословил Творец.

Бааль Турим объясняет это место, говоря, что здесь идет речь о человеке, который сбился с пути духовного развития, который не знает истинной дороги, который уже отчаялся и думает, что он никогда не достигнет своей цели. «И спросил его тот человек, говоря: что ты ищешь – левакеш?» Слово «левакеш» имеет в иврите два значения: искать и просить. Следовательно вопрос «человека» можно понять и так: «что попросишь?» вместо «что ты ищешь?», т.е. «чем я могу тебе помочь?» И Иосиф отвечает ему: «Братьев я прошу (ищу)», т.е. я хочу быть в группе, где есть любовь к товарищам, и тогда я смогу подняться по дороге, ведущей к Творцу.

Эта дорога называется «путь отдачи», и наша природа находится в полном противоречии, вражде с этим путем. И чтобы идти по этой дороге, есть лишь один способ: быть в группе, где существует «любовь к товарищам» и где каждый может помочь своему товарищу двигаться вперед именно по этому пути.

«И сказал человек: ушли они отсюда». Раши объясняет: порвали они братские узы, т.е. они не хотят объединяться с тобой. И это, в конце концов, привело к тому, что народ Израиля попал в египетское изгнание. И чтобы выйти из Египта, мы должны объединиться в группу, где существует «любовь к товарищам», и с помощью этого мы удостоимся выйти из Египта и получить методику духовного возвышения.

3. Любовь к товарищам

Выясним теперь несколько вопросов, связанных с понятием «любовь к товарищам»:

1. Необходимость любви к товарищам.

2. Почему я выбрал именно этих товарищей? Почему товарищи выбрали меня?

3. Должен ли каждый из товарищей открыто проявлять свои чувства по отношению к остальным членам группы, или достаточно того, чтобы он любил своих товарищей в сердце, не проявляя этого внешне, оставаясь скромным, а, как известно, скромность очень важна.

Скажем иначе: должен ли он проявлять любовь к товарищам, находящуюся в его сердце, открыто, ведь проявление этого чувства может пробудить сердца товарищей, и они тоже ощутят это же чувство. В результате этого чувства каждого из членов группы будут складываться, причем то общее чувство, которое возникнет, будет значительно больше, чем просто арифметическая сумма.

Получается, что каждый из членов группы, если она состоит, например, из 10 человек, получит чувство в 10 раз более сильное, потому что оно будет состоять из 10 чувств его товарищей, т.к. все 10 человек понимают необходимость любви к товарищу. Если же члены группы не проявляют открыто свои чувства, то у каждого из них не хватает той коллективной силы, которая присутствует в первом, вышеприведенном случае.

В таком случае очень трудно оценивать товарища положительно, и каждый думает, что именно он праведник и что только он любит своих товарищей, а те ему не платят взаимностью. Получается, что у человека слишком мало сил, для того чтобы он смог достичь любви к ближнему. А из этого следует, что в любви к товарищам необходимо именно явное проявление чувств, а не скромность и умеренность.

Однако всегда нужно напоминать себе о цели существования группы, в противном случае тело человека постарается затуманить эту цель, потому что тело всегда заботится лишь о собственной выгоде. Поэтому всегда следует помнить, что целью создания группы является реализация закона «возлюби ближнего своего», что, в свою очередь, является «трамплином» для достижения любви к Творцу.

Группа нужна человеку для того, чтобы он смог доставлять удовольствие товарищам, не требуя ничего взамен, а не для того, чтобы группа помогала ему, наполняя его эгоистические желания. Ведь если каждый из членов группы, состоящих в ней, рассчитывает лишь на помощь со стороны других, то такая группа основывается на эгоизме и лишь увеличивает келим получения. Человек тогда видит в ней только средство для удовлетворения своих материальных потребностей.

Поэтому нужно всегда помнить, что группа должна основываться на любви к ближнему. Каждый член группы должен получать от нее любовь к ближнему и ненависть к своему эгоизму. Человек будет видеть, что его товарищ старается подавить свой эгоизм, и это придаст ему дополнительные силы. Намерения всех товарищей сольются в одно целое. И если в данной группе есть 10 человек, то каждый из них получит силы всех десятерых товарищей, которые подавляют свой эгоизм и стремятся к любви к ближнему.

А если все члены группы в результате ложной скромности не проявляют своих чувств друг к другу, то усиления их чувств не происходит. Наоборот, постепенно каждый из них теряет желание идти по пути любви к ближнему и возвращается в объятия любви к себе.

4. Должен ли каждый знать, что не хватает каждому из его товарищей, чтобы знать, чем он может их наполнить, или достаточно в общем заботиться о любви к товарищам?

4. Человек да поможет ближнему

Вопрос: *Должен ли каждый из членов группы точно знать, чего именно не хватает каждому конкретному товарищу и чем можно помочь ему, или же достаточно ограничиться общим понятием «любви к товарищу»?*

Следует отметить, что человек может помочь товарищу только там, где есть богатые и бедные, умные и глупые, сильные и слабые и т.д. Ведь если есть только богатые, сильные и умные, то как же можно помогать друг другу?

Но есть одно понятие, которое присуще всем – это настроение. Если настроение плохое, то не помогут ни богатство, ни мудрость. Только другой человек может помочь человеку – поднять ему настроение и вытащить его из состояния хандры. Тогда человек снова начнет ощущать прилив жизненных сил и почувствует, что цель близка.

И выходит, что каждый из членов группы должен обращать внимание на настроение своего товарища и в случае необходимости – поднимать его. Потому что именно настроение является тем полем деятельности, где один человек может помочь другому

6. Любовь к товарищам

«Возлюби ближнего своего как самого себя». Раби Акива сказал, что это главный закон Каббалы. Это значит, что, соблюдая это правило, мы соблюдаем все указания Каббалы, которые включены в него. Тогда, получается, что нам вроде бы больше нечего делать.

Но мы видим, что Каббала говорит нам: «Что Творец требует от тебя? Только того, чтобы ты боялся Его». Получается, что главным требованием для человека является трепет перед Творцом, т.е. если человек исполняет это указание, то этим он выполняет все требования Каббалы, и даже закон «возлюби ближнего своего».

Тем не менее, согласно словам раби Акивы, все наоборот, т.е. закон «возлюби ближнего» включает в себя и указание трепета перед Творцом. Мудрецы не соглашаются с раби Акива и говорят: «Во всем слушайся Творца и бойся Его, потому что в этом весь человек». Гмара спрашивает – что значит «весь человек»? Сказал раби Эльазар: «Сказал Творец – весь мир сотворен только ради этого» (т.е. весь мир сотворен только ради трепета перед Творцом). А согласно раби Акиве, все включено в правило «возлюби ближнего».

Однако в других местах Талмуда мудрецы говорят, что главное – это вера, т.е. получается что и трепет перед Творцом, и любовь к ближнему включены в понятие «вера». И чтобы понять все это, мы должны подумать о том, что же такое: вера, трепет перед Творцом и любовь к ближнему.

Прежде всего, мы должны всегда помнить, что же такое Цель творения. Известно, что она заключается в том, чтобы насладить создания. Если это так, т.е. если Творец хочет дать своим созданиям все благо, которое Он приготовил им, то зачем существуют эти три понятия: вера, трепет перед Творцом и любовь к ближнему. Они нужны только для того, чтобы сделать наши келим пригодными для получения того блага, которое нам приготовил Творец.

Теперь нужно понять – а как именно эти три исправления делают наши келим пригодными. Вера необходима для того, чтобы мы верили в то, что Целью творения является наслаждение созданий, и в то, что каждый из нас способен достичь этой цели. Это значит, что Цели творения могут достичь не только особо одаренные люди, а все создания без исключения, и не обязательно иметь для этого особый талант. Мудрецы сказали в «Мидраш Раба»: «Сказал Творец: «Овладение мудростью и методикой Каббалы будут легки для того, кто боится Меня и соблюдает ее указания. Вся мудрость будут в сердце его».

Получается, что вера дает человеку уверенность в том, что он может достичь цели, чтобы не отчаялся от первых неудач. Вера нужна человеку для того, чтобы он не свернул с середины пути. Человек должен верить, что Творец помогает всем, даже таким ничтожным людям как он, достичь слияния с Ним.

А чтобы удостоиться веры, сначала нужен трепет, как сказано в книге «Зоар»: «Потому что трепет – это исправление, которое включает в себя все исправления, которые требует совершить Каббала, и оно же является вратами для веры в Творца. Согласно пробуждению трепета перед Творцом увеличивается и вера в Его управление». Что такое трепет перед Творцом? Человек должен бояться того, что он не сможет доставить удовольствие Творцу, а не того, что он сам не получит что-нибудь (например, грядущий мир). Итак, трепет перед Творцом является вратами веры, т.е. без трепета нельзя удостоиться веры.

А для того, чтобы достичь трепета перед Ним, т.е. страха того, что он не сможет доставить удовольствие Творцу, человек должен приобрести страстное желание доставлять удовольствие, т.е. желание отдавать. Но, как правило, человек боится упустить что-нибудь, не получить что-либо для себя, и при этом он не боится, что не сможет что-нибудь отдать Творцу.

Как же человек может получить это новое свойство – желание отдавать и при этом понять, что желание получать для себя очень вредит ему? Ведь это противоречит природе человека. Иногда, под влиянием священных книг и мудрецов, у человека появляются робкие попытки выйти из-под власти эгоизма, но это лишь иногда. Человек не может постоянно соблюдать все заповеди с мыслью о том, что делает это он не ради собственной выгоды.

Существует лишь один выход – собраться нескольким людям, у которых есть маленькая возможность выйти из-под власти эгоизма, вместе, в одну группу. Каждый член этой группы должен нивелировать себя относительно другого. У каждого из членов этой группы есть в потенциале любовь к Творцу, так вот, объединившись в такую группу и подавив свой эгоизм по отношению к товарищам, они создадут новую сущность. И если, например, в группе есть десять членов, то у этой сущности будет сила в 10 раз большая, чем была у каждого в отдельности.

Но существует условие: когда эти люди собрались в группу, каждый из них должен думать о том, как подавить свой эгоизм, а не о том, как насытить свои желания получать. Только таким путем он сможет приобрести новое качество – желание отдавать.

И от любви к товарищам он может перейти к любви к Творцу, т.е. человек будет хотеть доставить удовольствие Творцу. Получается, что желание отдавать очень важно и необходимо, а приобрести его он может только с помощью товарищей. И тогда можно сказать, что человек боится Творца, т.е. он боится, что не сможет доставить Ему удовольствие.

Итак, фундаментом, на котором можно построить здание святости, является правило «возлюби ближнего», с помощью которого можно получить желание доставлять удовольствие Творцу. После этого возникает понятие «трепета», т.е. человек боится, что он не сможет доставить удовольствие Творцу. Затем, когда у человека уже есть врата, которые называются трепет перед Творцом, он может удостоиться веры. А вера – это кли, в которое может войти Шхина.

Получается, что у нас есть 3 правила:

1. Первое из них – это правило раби Акивы, т.е. «возлюби ближнего своего как самого себя». И оно является основой основ, т.е. если оно не выполняется, никакая сила не сможет сдвинуть человека из того положения, в котором он находится, потому что только выполняя этот закон, человек может перейти от любви к себе к любви к ближнему, т.е. от эгоизма к альтруизму, и почувствовать, что любовь к себе очень вредна.

2. После этого переходим ко второму правилу, т.е. к трепету перед Творцом, потому что, если нет боязни, то нет и веры (см. комментарий «Сулам»).

3. Затем переходим к третьему правилу, т.е. к вере, и после того как мы выполним все эти три правила, мы удостаиваемся того, что чувствуем, что Цель творения – насладить создания.

7. Возлюби ближнего как себя

Как уже было сказано, в это правило включены все остальные 612 исправлений. В трактате «Шаббат» мудрецы сказали, что с помощью совершения 612 исправлений удостаиваются выполнения правила «возлюби ближнего», а после этого удостаиваются и любви к Творцу.

Если так, что же дает нам любовь к товарищам? В статье 5 было сказано, что, поскольку у каждого человека любовь к ближнему очень слаба, она еще не проявилась, то должны несколько человек объединиться в одну группу. Когда необходимо что-то реально делать по отношению к другому, и человек помнит, что он в своих мыслях решил подавить свой эгоизм, то он видит, что не может отказаться от малейшего удовольствия в пользу другого.

Если же несколько человек, у которых есть желание достичь любви к ближнему, объединились в группу, и каждый из них будет подавлять свой эгоизм по отношению к другому, то каждый из них получит силы всех остальных, и произойдет увеличение всех отдельных сил членов группы в одну большую силу. И тогда появляется возможность выполнения закона «возлюби ближнего».

Вроде бы получается противоречие – мудрецы сказали, что для выполнения этого закона нужно выполнить все остальные 612 указаний, а мы видим, что для достижения любви к ближнему нужна лишь любовь к товарищам по группе.

В окружающей нас жизни мы видим, что у светских людей тоже существует любовь к товарищам, они тоже собираются в различные компании. В чем разница между группой, построенной на принципе любви к ближнему, и светскими компаниями друзей? В Теилим сказано: «В обществе насмешников не сиди».

Что же это значит? Ведь известны запреты на то, чтобы говорить плохое о других, или вообще говорить пустые, глупые вещи. Зачем же было отдельно запрещать времяпрепровождение в обществе насмешников? Видимо, этот запрет чем-то отличается от первых двух.

Дело в том, что обычно люди объединяются в компании в надежде на то, что каждый из членов этой группы будет стараться улучшить материальное положение другого. Тогда получается, что каждый из членов такой группы получит максимальную материальную помощь со стороны других. Каждый из членов такой группы все время прикидывает, что он получил взамен своих стараний «на пользу общества», насколько он с помощью других членов группы удовлетворил свое желание получать, т.е. такая группа основана на эгоизме. Если же член такой группы начинает чувствовать, что он сам по себе может получить больше, чем в рамках группы, то он начинает раскаиваться в том, что он вступил в нее.

Если в такой группе появляется человек, который говорит, что нужно строить группу на принципе помощи ближнему и любви к нему, то все начинают насмехаться над ним. Это и называется «обществом насмешников». И такая компания отдаляет человека от духовного, в этом и заключается запрет: «В обществе насмешников не сиди».

Нашими мудрецами сказано: «Грешникам лучше находиться порознь, лучше и им, и всему миру, а еще лучше, чтобы их вообще не было. Праведникам же, наоборот – лучше находиться вместе, хорошо им, хорошо и всему миру».

Праведники – это те, кто хотят выполнять правило «возлюби ближнего как самого себя», они хотят выйти из-под власти эгоизма и приобрести совершенно новую черту – любовь к ближнему. Вообще, человек может заставить себя делать это, но это будет вынужденная любовь, сердце человека по своей природе не может согласиться с этим. Если так, то как же сделать, чтобы сердце искренне полюбило ближнего?

Именно для этого нам и даны остальные 612 исправлений, с помощью которых можно не заставить, а «уговорить» сердце. Но так как это против природы человека, то этого недостаточно. Существуют и дополнительные советы – для того, чтобы человек смог увеличить свои силы для выполнения правила «возлюби ближнего», ему понадобится «любовь к товарищам».

Если каждый из членов группы подавит свой эгоизм по отношению к товарищам, то появится единый организм, и маленькие ростки любви к ближнему, которые есть у каждого, объединятся и создадут новую большую силу, причем эта большая сила будет у каждого из членов группы. А когда у каждого есть эта сила, то он сможет проявить свою любовь к ближнему. А после этого человек сможет достичь любви к Творцу.

Но все это при обязательном условии – каждый подавляет свой эгоизм по отношению к другому. Если же он отделен от товарища, то он не сможет получить от него его ростки любви к ближнему. Каждый должен сказать себе, что он ноль по отношению к товарищу.

Это похоже на то, как пишут цифры, если написать сначала 1, а потом 0, то получится 10, т.е. в 10 раз больше, если же после единицы написать два нуля, то получится 100, т.е. в 100 раз больше. Это значит, что если его товарищ – единица, а он – ноль, то человек получает от товарища в 10 раз больше. А если он говорит, что он – два нуля по отношению к товарищу, то получает от товарища в 100 раз больше.

А если наоборот, он – единица, а товарищ – ноль, то получится 0,1 и он в 10 раз меньше товарища. А если он может сказать, что он – единица, и есть у него два товарища, которые являются двумя нулями по отношению к нему, то тогда он – 0,01 по сравнению с ними. Таким образом, чем большим количеством нулей оценивает он товарищей, тем меньше он сам.

И все же, даже если у тебя уже есть силы для любви к ближнему, и ты можешь ее реально проявить, и ты уже чувствуешь, что личная выгода лишь вредит тебе, тем не менее – не верь себе. У тебя все время должен быть страх, что ты остановишься на середине пути и упадешь в объятия эгоизма. Ты должен бояться, что тебе дадут такие удовольствия, перед которыми ты не сможешь устоять и насладишься ими только ради себя.

То есть ты уже можешь устоять перед небольшими удовольствиями, не наслаждаться ими, или насладиться, но ради других. Но больших удовольствий ты должен бояться, это и есть трепет перед Творцом, о котором говорилось выше. Если у тебя уже есть и любовь к ближнему, и трепет перед Творцом, то тебе осталось приобрести только свет веры, который и приводит Шхину. В комментарии «Сулам» сказано, что веру дают согласно размеру трепета.

Поэтому всегда следует помнить, что понятие «возлюби ближнего как самого себя» нужно соблюдать как закон, т.е. как приказ Творца. Раби Акива объяснил нам, что из этого указания нужно сделать железное правило, с помощью которого мы сможем все действия совершать ради Творца, а не ради собственной выгоды. Тогда человек не придет к увеличению желания получать ради себя, потому что обычно человек совершает действия, не выполняя правило раби Акивы, надеясь получить за это оплату в грядущем мире (или еще в этом, материальном мире).

Должно быть так: совершая исправления мы действительно получим оплату, но оплатой этой будет то, что мы сможем подавить свой эгоизм и достичь любви к ближнему, а затем – любви к Всевышнему. Об этом сказано мудрецами: «Если удостоится человек, то Каббала станет для него эликсиром жизни, а если не удостоится, то будет она ему ядом смерти».

Это значит, что если он не удостоится, то он будет совершать свои действия ради любви к себе, и его эгоизм от этого только увеличится, и тогда Каббала будет для него ядом смерти. Если же человек удостоится, то его эгоизм исчезнет, а вместо него он приобретет любовь к ближнему, и с помощью этого достигнет любви к Творцу, и единственным его желанием будет доставить удовольствие Творцу.

12. Важность группы

Известно, что если человек, у которого есть какое-то желание идти путем Истины, постоянно находится среди людей, не имеющих никакого отношения к этому пути, и которые активно противоборствуют людям, идущим этим путем, то он постепенно соглашается с их мнением, т.к. мысли людей, которые тесно общаются между собой, как бы перемешиваются.

Поэтому нет другого пути, кроме как создать свою собственную группу с определенными рамками, т.е. отдельный коллектив, в котором бы не было людей с идеями, отличными от идей этой группы. Кроме того, члены этого коллектива должны каждый раз напоминать себе о цели этой группы, чтобы не плестись вслед за другими людьми, т.к. природа человека такова, что он любит идти за большинством.

Если такая группа отделила себя от остальных людей, т. е. не должно быть никакой связи с другими людьми в духовных делах, а все контакты должны быть ограничены только материальными вопросами, то тогда чужие идеи и мнения не оказывают влияния на нее, т.к. нет никакой связи в духовных делах с посторонними.

Но если человек, идущий дорогой истины, находится среди таких людей и начинает разговаривать и спорить с ними, то сразу же смешиваются его взгляды с их взглядами, и, помимо его воли, подсознательно, проникают их идеи в его сознание вплоть до того, что человек перестает сознавать, что это не его, а чужие взгляды.

Так же и человек, идущий путем истины – должен он отделиться от других людей. Чтобы идти по этому пути, нужно прикладывать очень большие усилия, потому что приходится идти против идей всего мира. Поскольку идеи всего мира основываются на знании и получении, в то время как идеи Каббалы базируются на вере и желании отдавать.

Если же он не отделит себя от чужих мнений, то забудет о пути истины и попадет навсегда под власть эгоизма. И только в группе, где господствуют принципы любви к ближнему, человек может черпать силы для борьбы против идей и мнений всего мира.

В Книге Зоар сказано, что если человек живет в городе, в котором живут плохие люди, и он не может там совершать исправления и изучать Каббалу, то он меняет место – он вырывает себя из этого места, чтобы поселиться в городе, где живут люди, изучающие Каббалу.

Методика Каббалы называется «Древом». Наши мудрецы говорят: «Древо Жизни она для тех, кто соблюдает ее». И человек похож на дерево, как сказано: «Человек – дерево плодоносное». А исправления похожи на плоды. Поэтому, если написано только «дерево», то это бесплодное дерево, т.е. никчемное, которое будет срублено, так и не совершающий исправления человек будет отсечен и от этого, и от грядущего миров.

И потому человек должен вырвать себя из места, где находятся грешники, т.е. из места, где он не может заниматься Каббалой. И должен поместить себя в другое место, среди праведников, и тогда он сможет успешно изучать Каббалу.

Как было уже сказано, Зоар сравнивает человека с плодовым деревом, а, как известно, такие деревья страдают от окружающих их сорняков, которые нужно все время выпалывать. Также и человек, идущий путем истины, должен удалять себя из такого окружения, т.е. от людей, не идущих этим путем. Человек должен очень следить за этим, чтобы не подпасть под чужое влияние.

И это называется отделение, изоляция, т.е. у данного человека есть только собственные мысли, относящиеся к желанию отдавать, а не мысли большинства, которые, в конечном счете, сводятся к любви к себе, т.е. к эгоизму. И это называется две власти: первая – власть Творца, и вторая – власть себя самого.

В Талмуде сказано: «Адам был вероотступником, как сказано: «И воззвал Творец к Адаму и сказал ему:

«Где ты? Куда склонил ты сердце свое?» Это означает, что Адам был вероотступником, склонным к «служению звездам» («аводат кохавим»). И другое объяснение: «Из сказанного: «Где ты? Куда склонил ты сердце свое?», – можно сделать вывод, что вероотступничество Адама заключалось в нарушении запрета «не следуйте за сердцами вашими...» Это вероотступничество, что склонил свое сердце в другую сторону.

И это очень странно, как можно сказать об Адаме, что он склонил сердце к «аводат кохавим», или, согласно второму объяснению, что его вероотступничество состояло в том, что он нарушил заповедь «не следуйте за сердцами вашими...»? Мы учим, что понятие «служение Творцу» заключается в том, чтобы все делать для отдачи. Получается, что если Адам служил, чтобы получать, то это чуждая нам работа («авода зара», «аводат кохавим»), ведь мы должны служить для того, чтобы только отдавать, а он взял все, чтобы получать.

И в этом и заключается смысл того, что он нарушил заповедь «не следуйте за сердцами вашими...», т.е. Адам не мог получить плод Древа Познания ради отдачи, а только чтобы получать. И это называется уровень «сердца», т.е. сердце хочет получать только ради собственной пользы. И это было грехом Древа Познания (чтобы понять это лучше, см. «Предисловие к книге «Паним масбирот»).

Из вышесказанного мы можем осознать пользу группы, которая может создать совершенно другую атмосферу, в которой возможно служение только для отдачи.

17. О важности товарищей

Существует вопрос: как оценивать важность товарищей, которые являются членами группы, т.е. как относиться к своим товарищам. Например, человек видит, что его товарищ находится на более низкой ступени, и он хочет поучать своего товарища, чтобы тот вел себя лучше, т.е. выглядел лучше, чем он есть.

Получается, что этот человек не может быть его товарищем, потому что он видит его в качестве ученика, а не товарища. Если же человек видит, что его товарищ стоит на более высокой ступени и что есть чему у него поучиться, т.е. перенять у него хорошие качества, то он готов принять его как своего рава, а не как товарища.

И только когда человек видит, что его товарищ находится на одном уровне с ним, тогда они действительно могут стать товарищами и «слиться» друг с другом. Когда мы говорим «товарищи», то подразумеваем, что они оба в одном положении. Если у них обоих сходство взглядов, идей, то они могут решить объединиться, и тогда они оба могут вместе стремиться к общей цели.

Допустим, есть двое товарищей, чьи идеи схожи, и они делают вместе какое-либо прибыльное дело. Если они чувствуют, что их силы равны, то тогда все в порядке, они делят прибыль поровну. Но если же один из них чувствует, что он лучше другого, что он больше приносит пользы, то он хочет получить большую часть прибыли.

Но все совершенно иначе, если мы говорим о любви между товарищами, когда они объединяются ради полного единства, т.е. когда они оба равны – это называется единством. Если же они делают вместе какое-либо дело, а результаты не делят поровну, то это не является единством.

Когда же речь идет о любви товарищей, разумеется, все то, что они приобретут вместе, они будут делить поровну, и тогда у них будет любовь, мир и согласие.

Каждый из членов группы должен считать, что он самый незначительный из всех, тогда он сможет внимательно прислушиваться к мнению остальных. Если же человек считает себя выше других товарищей, он не сможет перенимать что-либо у них, т.к. в глубине души у него будет мысль, что он все равно знает лучше других. Кроме того, член группы должен относиться к своему товарищу так, как будто тот величайший человек в своем поколении. И тогда группа будет оказывать на человека благоприятное воздействие, и он будет продвигаться к нашей цели.

Но как можно считать, что мой товарищ лучше меня, когда я ясно вижу, что наоборот, я талантливее его, у меня есть лучшие качества, чем у него? Чтобы побороть в себе такие мысли, существуют два способа.

Первый – если я уже выбрал товарища, тогда все – я смотрю на него с позиций «веры выше знания», т.е. я вижу одно, но верю, что мой товарищ гораздо лучше, чем мне кажется. Второй способ более естественный – если я выбрал товарища, то я стараюсь видеть у него только хорошие черты и не замечаю все, что есть у него плохого.

Как сказано в «Мишлей»: «Все прегрешения покроет любовь». Ведь, как известно, мы охотно видим недостатки детей соседа и не замечаем их у своих собственных. Так как недостатки наших детей скрывает любовь к ним. Попробуйте сказать человеку что-нибудь плохое о его детях, и он сразу начнет возражать и рассказывать о хороших чертах своих детей.

Возникает вопрос – почему это так? Я слышал от Бааль Сулама, что в действительности у каждого человека есть свои хорошие и плохие черты. Поэтому и сосед, и отец детей говорят правду.

Но у соседа нет той любви к чужим детям, как есть у отца, которому глаза застилает любовь и которому хочется видеть лишь хорошие качества своих детей. Тем не менее отец тоже видит правду, хотя и не всю, просто плохие качества своих детей он не замечает, потому что он не получает от этого удовольствие.

Так вот любовь к товарищам как раз требует того, чтобы мы видели только хорошие качества товарища и не замечали его недостатки. Поэтому если ты видишь какой-либо недостаток у товарища, это означает на самом деле, что этот недостаток не у товарища, а у тебя, и недостаток проявляется в том, что у тебя нет истинной любви к товарищу, вот ты и видишь его плохие качества.

Порядок собрания группы:

Обязательно должен быть распорядок дня. Например, каждый из членов группы, согласно своим возможностям, должен говорить о важности группы, т.е. какую пользу приносит ему группа, что он надеется с помощью группы получить чрезвычайно важные вещи, которые он сам себе приобрести не может. Поэтому он так ценит то, что является членом группы.

Итак, сначала нужно и осознать, и сказать вслух о важности группы, о необходимости ее существования. Вообще, если нужно попросить что-нибудь у кого-нибудь, нужно исполнить два условия. Первое – у того, кого я прошу, должно быть это. Например, я прошу деньги у богатого человека. Второе – у того, кого я прошу, должно быть доброе сердце, т.е. у него есть желание давать другим. Наши мудрецы сказали, что сначала нужно возвеличить Творца, а потом уже просить что-то у него.

Это значит, что если человек верит в величие Творца, верит в то, что Он может дать ему все виды удовольствий, и что единственным желанием Его является насладить свои творения, тогда можно сказать, что человек действительно молится, т.е. он верит, что, безусловно, Творец поможет ему. Поэтому Он может дать то, что желает человек, и тогда человек молится с уверенностью, что Творец примет его молитву.

Тот же принцип нужно применить к группе, т.е. с самого начала необходимо возвеличить каждого из своих товарищей. Насколько человек будет превозносить группу, настолько он будет и уважать ее.

После этого человек должен «молиться». Что это значит? Каждый из членов группы должен проверить сам себя, сколько сил он прикладывает ради группы. И если мы видим, что у нас нет сил что-нибудь делать ради группы, то мы должны молиться, чтобы Творец помог нам и дал каждому из нас силу и желание любить ближнего.

После этого каждый из членов группы должен вести себя согласно трем последним отрывкам из «Шмона эсре». Это означает, что после того, как человек сформулировал свою просьбу к Творцу, он говорит три последних отрывка, как будто Творец уже дал ему то, что он просил.

Так же мы должны поступать и в группе. То есть, после того, как человек проверил себя, выполнил вышеприведенный совет – помолился, он должен думать, что его молитва уже принята Творцом, и человек вместе со своими товарищами уже стал единым организмом. И так же, как тело хочет, чтобы было хорошо всем его органам, так же и человек сейчас хочет, чтобы всем его товарищам было хорошо.

Поэтому после всех этих действий приходит время веселья и радости от того, что возникла любовь к товарищам. И тогда каждый должен почувствовать, что он счастлив, как будто они сейчас все вместе заработали очень много денег. А что делают в таком случае?

Устраивают застолье своим товарищам, которые помогли ему. Поэтому каждый из членов группы должен устроить застолье, чтобы его товарищи пили и веселились на нем. Поэтому во время собрания нужно быть в приподнятом настроении и веселье.

Есть время исправления и время молитвы. Время исправления – это уровень цельности, совершенства, где нет нехватки ни в чем, и это называется «правая линия». Тогда как нехватка называется «левой линией», потому что место, где есть ощущение нехватки, требует исправления, и это называется исправлением келим. Исправление по методике Каббалы – это правая линия, т.е. место, не требующее исправлений.

Поэтому методика Каббалы называется «подарком». А, как известно подарки дают тем, кого любят. А любят обычно не тех, у кого есть недостатки.

Поэтому в правой линии нет места для размышлений об исправлении. Во время завершения собрания нужно вести себя согласно трем последним отрывкам из «Шмона эсре». Тогда все почувствуют совершенство и цельность.

18. Цель группы

В этих статьях объясняется, как создать группу, и это необходимо для всех, кто хочет идти путем Бааль Сулама. Этот путь предназначен для тех, кто хочет подняться на уровень человека и не оставаться на уровне животного.

Чтобы понять, что такое уровень «человек», приведем толкование наших мудрецов на строки из «Коэлет»: «Заключение – бойся Творца и указания Его выполняй, потому что в этом – весь человек». Гмара спрашивает: что значит «весь человек»? Сказал раби Эльазар: «Сказал Творец – весь мир сотворен только для этого», т.е. весь мир создан только ради трепета перед Творцом.

Что же это такое – трепет перед Творцом? Почему именно он стал причиной создания мира? Ведь из высказываний наших мудрецов нам известно, что причиной создания мира было желание Творца насладить свои творения, дать им возможность ощутить себя счастливыми. А здесь, по словам мудрецов выходит, что в трепете перед Ним – весь человек.

В книге «Матан Тора» сказано: «Причина, по которой творения не получают все благо, уготованное для них Творцом, – это различие в свойствах между Творцом и творениями. Творец – дающий благо, творение – получающее. Существует правило, согласно которому ветви несут в себе основные черты корней, от которых они происходят. Так как нашим главным корнем является Творец, а у Него нет желания получать, то человек, когда он вынужден быть получателем, испытывает чувство стыда.

И для того, чтобы исправить это, нужно было создать мир. Слово «олам» (мир) родственно слову «неэлам» (быть скрытым), т.е. в нашем мире благо, которое было уготовано Творцом, скрыто от нас. Для чего это было сделано? Для того, чтобы человек ощутил трепет перед Творцом. Человек должен бояться использовать свои желания получения, т.е. он должен бояться быть эгоистом.

Это означает, что человек должен воздерживаться от получения удовольствия, если он хочет получить это наслаждение только для себя – у человека должна быть сила преодоления своей страсти. Человек обязан достичь состояния, когда он получает удовольствие не ради себя, а для того, чтобы доставить этим наслаждение Творцу.

Бояться Творца – это значит бояться получить удовольствие ради собственной выгоды, а не для того, чтобы Ему доставить этим удовольствие. Получение же ради своих корыстных целей удаляет человека от слияния с Творцом.

Поэтому в тот момент, когда человек выполняет какое-либо исправление, он должен иметь в виду, что это приведет к появлению у него возвышенных, чистых мыслей, к тому, что он захочет доставлять удовольствие Творцу, и именно таким путем он действительно выполнит Его указания. В Талмуде сказано:

«Захотел Творец очистить стремящихся к Нему, и потому дал им методику Каббалы».

Поэтому мы собрались здесь, чтобы создать группу, в которой каждый из нас будет стремиться доставить удовольствие Творцу. Но для того, чтобы достигнуть этого, мы обязаны сначала научиться доставлять удовольствие, отдавать человеку, т.е. мы должны научиться любить ближнего. Только путем подавления своего эгоизма можно прийти к выполнению этого закона – любви к ближнему.

Это значит, с одной стороны нивелировать себя по отношению к другим (членам группы), а с другой стороны, мы должны гордиться тем, что Творец дал нам возможность вступить в эту группу, в которой у всех ее членов есть лишь одна цель – добиться того, чтобы Шхина (присутствие Творца) находилась среди них. И, хотя мы еще не достигли этой цели, у нас есть желание сделать это, и это уже очень важно. Несмотря на то, что мы еще только в начале пути, мы надеемся, что придем к этой возвышенной цели.

Статьи Баруха Ашлага, 1985 г.

1. Сделай себе рава и приобрети себе друга

В Мишне сказано: «Сделай себе рава и приобрети себе друга и оправдывай каждого человека». Итак, мы видим, что здесь идет речь о трех вещах:

1) сделай себе Рава;

2) приобрети друга;

3) оценивай каждого человека в лучшую сторону.

Это значит, что «сделать» себе рава и приобрести товарищей – недостаточно. Нужно еще хорошо относиться и искать оправдание всем людям.

Кроме того, необходимо осознать разницу между понятиями «сделай», «приобрети» и «оправдывай». Слово «сделай» предполагает практическое действие, без излишних раздумываний. Кроме того, как правило, разум противится тому или другому действию. Так вот, слово «сделай» предполагает действие даже наперекор собственному рассудку.

Если человек принимает на себя власть Высшего управления, то это называется «действие». Это подобно тому, как на быка надевают ярмо, чтобы он вспахал нам поле. Даже если бык не хочет этого делать, мы все равно силой заставляем его. Принимая на себя Высшее Управление, мы тоже должны это сделать без малейших колебаний.

Мы должны это сделать не потому, что наше тело чувствует, что оно извлечет из этого какую-то выгоду для себя, а потому что этим мы хотим доставить удовольствие Творцу. А как же тело может согласиться с этим? Поэтому наше служение должно быть на уровне «лемала ми-а-даат», т.е. вера выше нашего знания. Это и называется «сделать себе рава».

В Книге Зоар сказано, что нужно бояться Творца, потому что Он велик и правит всем. Творец велик, потому что Он является корнем всех миров, которые исходят, распространяются из Него. Его величие проявляется в Его действиях, и Он управляет всем, потому что все миры, как высшие, так и низшие – ничто по сравнению с Ним, и ничего они не добавляют к сущности Творца.

Согласно вышесказанному получается, что человек должен начинать с понятия «сделай себе рава», т.е. он должен принять на себя власть Высшего управления на уровне веры выше знания. И это называется «действие», т.е. только действие, без понимания, действие наперекор желаниям своего тела.

После этого нужно «приобрести себе друга». Понятие «приобретение» предполагает отказ от чего-то, что у тебя было давно (денег, например), и получение взамен этого чего-то нового. Для того, чтобы приобрести состояние слияния с Творцом, т.е. состояние единения свойств с Ним, человек должен отказаться от очень многого, т.е. «заплатить». Под словами «приобрести себе друга» подразумевается приобретение, постижение состояния слияния с Творцом.

Но до того, как человек «сделает себе рава», т.е. примет на себя власть Творца, нельзя переходить к следующему этапу – «приобрети себе друга», т.е. к стадии слияния с «Равом» (с Творцом). Но после того, как человек «сделал себе рава», можно начинать требовать от своего тела, чтобы оно отступилось от своих желаний. И этим путем можно «приобрести» слияние с Творцом и желание доставлять Ему удовольствие.

Чем больше человек осознает величие «Рава», тем больше это дает ему сил идти дальше, к этапу «приобрети себе друга». Насколько человек больше чувствует величие «Рава», настолько он будет больше требовать от своего тела, чтобы оно отказалось от своих желаний. Все это необходимо для того, чтобы человек мог слиться с «Равом». Человек должен понять, что он может сделать все и поступиться всем, лишь бы достичь слияния с Творцом.

Получается, что если человек видит, что он не в силах преодолеть желания своего тела, т.е. он считает, что он человек слабохарактерный, то это неправда. На самом деле этот человек еще не осознает величие «Рава», т.е. он не понимает важности власти Духовного над собой, поэтому у него и нет сил для преодоления. Когда же он поймет всю важность этого, то это даст ему силы отказаться от желаний тела и приобрести то, что он хочет, т.е. слияние с Творцом.

Например, человек очень устал и пошел спать. В три часа его будят и говорят: «Иди, изучай Каббалу». Разумеется, человек скажет, что у него нет сил встать. А если он чувствует слабость, и его температура немного повышена, то тем более у него не будет сил встать. Но если этого же человека, который очень устал, больного, с повышенной температурой, разбудить ночью и сказать, что его дом горит, то он немедленно вскочит на ноги. При этом он не будет причитать, что у него нет сил, что он болен и т.д., а сразу бросится тушить пожар. Даже если человек очень болен, он приложит в данном случае все силы, чтобы спасти себя, родных и имущество.

Поэтому человек, который действительно пытается «сделать себе рава» и верит, что от этого зависит его жизнь, может преодолеть все препоны, возникающие на его пути. Чем больше он будет чувствовать, что это – его жизнь, тем больше будет у него сил бороться с препятствиями.

Согласно вышесказанному видим, что все служение человека Творцу (изучение Каббалы, молитвы) на данном этапе должно сконцентрироваться на осознании величия и важности «Рава». Нужно много и усердно молиться для этого. И это называется «поднимать Шхину», которая находится во прахе. На земле ей не придают должного значения.

А что делают с ненужной вещью? Выбрасывают ее. Поэтому первым делом человек, который хочет духовно развиваться, должен «поднять Шхину из праха». Это значит, что он должен правильно оценить величие этого и значимость. А для того, чтобы возвеличить, он должен молиться, и тогда у человека появятся силы правильно оценить Шхину.

Исходя из вышесказанного, мы можем понять смысл слов: «Дай почет, Творец, народу Своему», которые мы говорим в молитве на Рош а-Шана. На первый взгляд трудно понять, как можно просить у Творца почет для себя. Ведь мудрецы сказали, что нужно быть скромными. Как же мы можем просить почет? Дело в том, что эти слова нужно понимать так: «Дай ощутить почет к Тебе народу Твоему».

Это значит, что у нас не хватает истинного уважения к Творцу, ведь «город Творца низведен до преисподней..», и это называется «Шхина во прахе». Мы не прикладываем должных усилий, чтобы «сделать себе рава». Поэтому в Рош а-Шана – именно это время для принятия на себя власти управления Творца – мы просим у Него, чтобы он дал нам ощутить Свое величие.

Когда народ Израиля почувствует истинное уважение к Творцу, тогда он сможет изучать Каббалу, выполняя ее указания во всей полноте. Потому что нам не хватает лишь осознания важности и величия дела слияния с Творцом. И не найдется ни одного человека в мире, который бы предпочел смерть жизни, если, конечно, он чувствует, что может наслаждаться жизнью.

Если же человек не чувствует вкуса жизни, то он может выбрать и смерть. Потому что человек не способен терпеть страдания, т.к. это противоречит Цели творения, которая, как известно, заключается в том, чтобы насладить творения, т.е. чтобы они наслаждались жизнью.

Поэтому, когда человек не видит ничего хорошего в жизни и не надеется на перемены к лучшему, он кончает жизнь самоубийством, потому что у него нет цели в жизни. Итак, нам не хватает только понятия «сделай себе рава», т.е. чтобы у нас было ощущение величия Творца. Когда у нас появится это чувство, то мы все сможем достигнуть цели – слиться с Ним.

Объясним теперь высказывание Йешуа бен Пархия, который сказал три вещи:

1) сделай себе Рава;

2) приобрети себе друга;

3) оценивай каждого человека в лучшую сторону – с точки зрения любви к товарищам.

Обычно, когда говорят «товарищи», то имеют в виду двух людей с приблизительно одинаковыми способностями и чертами характера. Тогда эти люди легко находят общий язык и дружат между собой.

Допустим, два человека занимаются чем-то вместе. Причем, каждый из них вкладывает в это дело и деньги, и силы поровну. Тогда и доходы они делят поровну. Если же один из них вкладывает больше денег или больше сил, то и доходы они делят на неравные части. Получается, что один из товарищей «выше» другого.

Итак, оба товарища должны быть равны по способностям и свойствам.

Но с другой стороны, как же можно учиться чему-либо у кого-либо, если он не «выше» тебя? Получается, что для того, чтобы была возможность что-то перенять у другого, нужно считать, что тот знает больше. Но тогда тот, другой, будет не товарищем, а равом.

Поэтому нужно совмещать понятия «сделай себе рава» и «приобрети себе друга». Каждый из товарищей должен чем-то поступиться по отношению к другому. Подобно тому, как любящий отец отказывает себе в отдыхе, чтобы заработать еще денег для сына. Но в этом случае любовь является естественной. Такой ее создал Творец, чтобы она способствовала существованию мира.

Но если бы отец растил детей не потому, что он любит их, а потому, что есть такая заповедь, то дети бы умерли с голода. Ведь как следуют указаниям Каббалы? Иногда – искренне, со всей душой, а иногда – лишь бы сделать, лишь бы считалось, что действие выполнено.

Поэтому и дал Творец родителям естественную любовь к детям, чтобы эта любовь поддерживала существование мира. Но любовь к товарищам не является естественной. Требуется много усилий, чтобы она возникла.

И здесь уместно сказать о половине «приобрети себе друга». Когда человек понял, что для служения Творцу ему нужна помощь, которую он может получить только от товарища, он начинает подавлять свой эгоизм, чтобы сделать что-то хорошее для товарища.

Человек начинает понимать, что главным в его служении Творцу является старание доставить Ему удовольствие. А это, как известно, противоречит его природе, потому что человек создан с желанием получать только ради собственной выгоды. Поэтому человеку дана эта возможность выйти из-под власти эгоизма и начать любить ближнего, а с помощью этого он может достичь любви к Творцу.

Поэтому товарища, находящегося с ним на одном уровне, можно найти. Но после этого нужно сделать из товарища рава. Это значит, что нужно считать, что товарищ находится на более высоком уровне, чем он. Однако человек не может рассматривать друга в качестве рава, а себя в качестве ученика. Но в противном случае он не сможет учиться у своего товарища. И это называется «сделай», т.е. практическое действие без особых философствований. Это значит, что человек должен заставить себя поверить, что его товарищ действительно выше него.

Давайте заглянем в книгу «Матан Тора». Там сказано: «Первым условием, которое должен соблюдать каждый ученик, является ощущение того, что ты самый незначительный из всех товарищей. Тогда ты сможешь оценить величие своих товарищей. Как известно, «большой» не может учиться у «маленького». Только «маленький» сможет перенять знания у «больших».

Итак, мы видим, что каждый из учеников должен считать себя самым незначительным. Это нужно делать на уровне «выше знания», и это называется «сделай себе рава». Это значит, что каждый из членов группы должен считать своих товарищей «равами», а себя – лишь учеником. И это очень тяжелая работа.

Существует правило, что недостатки другого всегда очевидны, а собственные недостатки – нет. А тут вдруг нужно видеть у другого только хорошие качества и прислушиваться к тому, что другой скажет.

Тело не соглашается с этим. Чтобы прислушиваться к тому, что говорит другой, требуются усилия со стороны тела, а оно всегда идет по линии наименьшего сопротивления. Телу легче пренебречь словами и делами другого, только бы не прикладывать усилия.

Поэтому и говорится «сделай себе рава», ведь если твой товарищ будет для тебя равом, ты будешь обязан его слушать, даже если это противоречит твоим желаниям. Разум человека противится этому, а иногда говорит человеку, что он может быть равом, а его товарищ учеником. Поэтому говорят «сделай», т.е. без участия разума.

«И оценивай каждого человека в лучшую сторону» (всегда ищи оправдание для другого). Допустим, человек уже «приобрел себе товарища». Как он должен после этого вести себя по отношению к другим людям? Например, человек выбрал себе нескольких товарищей из группы, а с другими он не хочет дружить. Как же он должен относиться к ним, ведь они не являются его друзьями? То обстоятельство, что он не выбрал их себе в друзья, говорит о том, что он не нашел в них хороших качеств, т.е. он оценил их ниже себя.

Итак, как же человек должен относиться к другим людям, с которыми он сталкивается в группе, или вообще ко всем людям? Об этом и говорит Йешуа бен Пархия: «И оправдывай каждого человека». Человек всегда должен оправдывать действия других людей. И то, что он не видит в них хорошие качества, это не их, а его вина. Это значит, что у него еще нет способности видеть положительные черты других.

Все люди хорошие, достойные, и человек, идущий путем истины, постепенно начинает понимать это. Со временем, в зависимости от уровня постижения, он начинает все больше и больше видеть, что это правда. Но пока человек не видит этого, он все равно должен оправдывать других людей. У человека не должно быть никаких претензий к поведению других. Но учиться, перенимать у других людей (кроме членов группы) он не должен ничего.

8. Связи: человек – Творец, человек – ближний, человек – остальные

Необходимо различать связи:

1) между человеком и Творцом;

2) между человеком и его ближним по группе;

3) между человеком и остальными людьми, которые не являются его товарищами по группе.

Сказано: «Создай себе рава и купи себе товарища» – это путь исправления. Сказано также: «Оправдывай каждого человека».

Что означает «создай», «купи», «оправдывай»? Следует пояснить, что «создай», в данном случае, выходит за рамки разума, так как в ситуации, когда разум не понимает, стоит ли делать что-либо или нет, как же тогда можно принять решение, что хорошо для меня, а что плохо? Если с точки зрения разума два пути равны, то кто же тогда склоняет человека принять решение, что стоит ему делать? И вот именно тогда своим действием он может принять решение.

Итак, перед человеком стоят два пути:

1) работать ради отдачи;

2) работать ради получения.

Есть части в теле человека, которые говорят ему: «Неужели ты больше преуспеешь в жизни, если будешь работать с намерением отдавать? Неужели только в этом случае ты получишь наслаждение?» Сказано: «Если делаешь так – счастлив ты в этом мире, хорошо тебе в мире грядущем». И это – утверждение доброго начала в человеке.

Утверждение злого начала – как раз наоборот: лучше и выгоднее работать с намерением получать.

И вот тогда только сила, которая называется «действие верой выше разума», склоняет человека к правильному решению, а не разум и не чувства. Поэтому «действие» называется «верой выше разума и здравого смысла». Выходит, что вера – это сила, обратная разуму.

Действие «купи» – это действие внутри разума, т.е. согласно разуму. Как и в нашей жизни, когда человек хочет что-либо купить: продавец предлагает ему товар, а он стоит перед выбором – стоит ли покупать по той цене, что у него просят. Если не видит выгоды – не покупает. Выходит, что «купи» подразумевает использование разума.

А сейчас разберем понятия «рав» и «товарищ». Иногда под товарищами подразумевают группу, вместе с которой хотят быть в единой связке. Это может быть благодаря совпадению по свойствам, когда каждый заботится о ближнем, т.е. отношения построены на основе любви к ближнему. Получается, что таким путем объединяются, становятся как одно целое.

Поэтому, когда образуется некое общество, ставящее своей целью создание единой группы, тогда люди, которым захотелось основать такую группу, ищут обычно людей, подобных себе по убеждениям и по свойствам. И они должны ощущать более или менее близость по духу. Тех же, кто не подходит под это, не принимают в создаваемую группу.

После этого в группе начинается работа. Но если с самого начала, т.е. еще до того, как объединиться в одну группу, не ставили они единой целью такое объединение, то не стоит и надеяться, что получится что-нибудь из всего этого. А если до того, как они стали группой, можно было различить, что у них есть более или менее одно стремление, тогда можно сказать, что они способны начать работу в группе над любовью к ближнему.

Между человеком и Творцом.

Между человеком и Творцом порядок работы таков, что сначала надо «сделать себе Рава», а потом уже «купить себе Товарища», т. е. сначала человек должен поверить выше разума, что Творец – он Рав (т.е. большой, превосходящий собственное я человека). Как написано в предисловии к Книге Зоар, «самое главное – это страх перед Творцом, и означает он, что человек должен трепетать перед своим Творцом, потому как Он велик и властвует над всем».

И в той мере, в которой он верит в величие Творца, называемого в таком случае Равом, в той же мере есть у него силы для действия «купи», т.е. купить путем отказа от собственного эгоизма единение по свойствам с Творцом, называемое также слиянием с Ним, и тогда Творец называется Товарищ – (хавер), поскольку тогда с Ним есть объединение (хибур). Хавер и хибур однокоренные слова. К примеру, когда покупают в нашем мире разные вещи, то обязаны заплатить за них деньгами или почетом, или просто приложить усилия, чтобы достичь чего-либо. Так же когда человек хочет приобрести слияние с Творцом, он обязан заплатить отказом от эгоизма, так как иначе не прийти ему к совпадению по свойствам с Творцом.

В то же время, когда человек видит, что не способен на такой отказ ради достижения единения с Творцом, он должен понимать, что это не из-за того, что он родился слабохарактерным и потому не способен преодолеть собственный эгоизм, но недостаток его в «Сделай себе Рава», т.е. в том, что он не работает над верой. Так как только в той мере, насколько он верит в важность и величие Творца, в той мере есть у него силы оказаться от эгоизма.

И более того, человек должен знать, что если он хочет оценить величину собственной веры, то он может увидеть это по той степени ограничений на использование своего эгоизма, на которую он способен пойти. Тогда он узнает, насколько находится в работе «выше разума», и это верно между человеком и Творцом.

Между человеком и его ближним.

А между человеком и его ближним, т.е. товарищами по группе, надо сказать сначала «купи» себе товарища, а уж потом «сделай» себе рава. Потому что в то время, когда человек ищет себе товарища, он должен сначала его проверить, действительно ли стоит объединиться с ним. Как мы видим из установленной для нас специальной молитвы, связанной с товарищем, которую мы говорим в молитве «да будет желание»: «Отдали нас, Творец, от плохого человека и от плохого друга». Выходит из этого, что возложено на человека еще до того как он принимает другого себе в товарищи, проверить его со всех сторон, а для этого необходимо воспользоваться своим разумом, поэтому не сказано «сделай себе товарища», так как «сделай» подразумевает действие выше разума. Следовательно, в отношениях с ближним в группе человек должен использовать своим разум и предварительно проверить, насколько это возможно, подходит ли ему товарищ по взглядам и по свойствам, чтобы знать, сблизиться ли с ним или отдалиться от него, о чем мы и молимся каждый день: «и отдали нас от плохого человека и от плохого друга».

И тогда, если он видит, что стоит объединиться с ним, он должен заплатить за это, т.е. отказаться от эгоизма и получить взамен силу любви к ближнему. И тогда он сможет надеяться достичь также любви к Творцу.

Получается, что на втором этапе, когда каждый должен научиться чему-либо от другого, тогда входит в силу правило – сделай себе рава, чтобы смог сказать, что его товарищ выше его, а для этого он должен использовать «действие», поскольку только выше разума он может сказать, что его товарищ находится на более высокой ступени.

Поэтому между человеком и его ближним в группе порядок таков: сначала он должен выполнить «купи себе товарища», а потом уже «сделай себе рава».

Между человеком и остальными людьми.

Также Мишна говорит нам: «Сделай себе рава, купи себе товарища и оправдывай каждого человека».

Ранее мы выяснили, что между человеком и его ближним по группе существует такой порядок: вначале – «купи себе товарища», где «купи», как уже было разъяснено, означает внутри разума, а потом уже должны заниматься тем, что называется «сделай себе рава». А между человеком и Творцом порядок таков: вначале – «сделай себе Рава», а потом уже «купи себе Товарища», как это было объяснено выше. Теперь же надо разобраться: что означает, когда про всех других людей говорят «оправдывай каждого» – имеют в виду «купи» или «сделай»?

На основе всего сказанного мы должны растолковать это изречение не как «купи», а как «сделай».

Пусть, например, есть синагога, в которой молится много людей. И образуется внутри этой синагоги маленькая группа людей, желающих слиться воедино, где основой отношений будет любовь к ближнему. Скажем, к примеру, что есть там сто молящихся, и десять из них хотят сблизиться. Следует разобраться: почему выбрали именно эти десять человек, чтобы они объединились друг с другом, а не других людей из той же синагоги?

Может быть причина в том, что эти люди считают, что они лучше в сравнении с другими людьми из их синагоги? Или же потому, что они хуже других молящихся, и потому они почувствовали, что нуждаются в каком-то действии, чтобы возвыситься до вершин Торы и страха перед Творцом?

Все это можно объяснить следующим образом. То, что эти люди согласились объединиться в одну группу, основываясь на любви к ближнему, так это потому, что каждый из них почувствовал, что есть у них одно общее желание, могущее сблизить их мысли и дающее им возможность получить силу для этой любви. Известно от Ари что «как лица не похожи друг на друга, так и мнения не похожи друг на друга». Несмотря на это, люди, согласившиеся объединиться между собой в одну группу, поняли, что не так уж далеки их мысли, в том смысле, что все они понимают необходимость работы над любовью к ближнему, поэтому каждый способен уступить в пользу другого и посредством этого они могут слиться. А остальные люди не испытывают такой уж необходимости в этой работе, поэтому не может группа с ними объединиться.

Выходит поэтому, что когда работают над слиянием в группе, в это время каждый проверяет другого – его мысли, его характерные качества: стоит ли принять его, достоин ли он войти к ним? Отсюда наша просьба в каждодневной молитве: «и обереги нас от плохого человека и плохого друга». Это называется «купи себе товарища» и подразумевает работу на основе разума.

Из-за этого получается, что он гордится перед остальными молящимися из синагоги. А как же можно поступать так, ведь это против указаний Мишны: «Надо быть очень скромным».

Про это говорит раби Йешуа бен Пархия: «И оправдывай каждого человека». То есть по отношению к остальным людям он должен идти выше разума, что означает состояние «делай» – т.е. действие, а не разум. Так как с точки зрения разума он видит, что они не такие способные, как те, кого он выбрал друзьями. И так рассуждает каждый. Получается, что каждый превозносит себя перед всеми!? И здесь можно посоветовать только «оправдывать каждого».

Это имеется в виду по отношению к каждому человеку, т.е. по отношению к остальным молящимся в синагоге он должен оправдать каждого и сказать, что они на самом деле важнее его, и это его вина в том, что он не может оценить важность и величие масс, поэтому внутри разума он не видит их величия. Таким образом, по отношению к ближнему в группе, как мы уже объяснили, человек должен «купить», а по отношению к массам он должен «сделать» – что выше разума, и называется это «оправдай каждого».

Статьи Баруха Ашлага, 1986 г.

20. Что означает выше знания

Это кли нужно использовать как в отношениях между человеком и товарищем, так и в отношениях между человеком и Творцом. Это кли должно оставаться всегда. То есть никогда нельзя пренебрегать этим кли, называемым вера выше знания. В то время как в отношениях между товарищами человек может видеть достоинства товарища, знать о них, и это более полезно.

Но природа тела (желания получать) противоположна, и человек всегда видит недостатки товарища, а не его достоинства. И поэтому сказано мудрецами: «Надо судить человека, оправдывая его». То есть, несмотря на то, что знание человека говорит ему, что товарищ его неправ, всегда стараться оправдывать его, а это возможно только верой выше знания. Несмотря на то, что разум не может оправдать товарища, человек может оправдать его верой выше знания.

Но если может он оправдать в знании – это более полезно. Скажем, если он видит, что его товарищи находятся на более высокой ступени, чем он, и он видит это (то есть, знает об этом), то он ниже своих товарищей. И он видит, что его товарищи более дисциплинированны в учебе, они вовремя приходят на занятия, больше, чем он, интересуются тем, что происходит между товарищами, готовы помочь каждому в чем только возможно, и то, что они слышат на уроках, сразу принимают как руководство к действию и т. д.

Конечно, такое срабатывает лучше. Это дает человеку силы преодолеть собственную лень, когда он должен вставать на утренний урок. Тогда и тело его на уроке больше интересуется учебой, ведь иначе он отстанет от товарищей. Да и ко всему, что касается духовного он, таким образом, должен будет относиться более серьезно, ведь тело его не сможет вынести того, что он ниже остальных. Более того, его тело, в то время когда он смотрит на группу и видит, как все работают на Творца, также даст ему силы работать на Творца.

И причина того, что тело помогает ему работать на Творца в том, что тело не способно вытерпеть свою приниженность, так как любое тело – это прежде всего гордость, и не может мириться с положением, чтобы кто-то из товарищей был выше его. Таким образом, когда человек видит, что его товарищи выше, чем он, это заставляет его расти всеми возможными способами.

Как сказано мудрецами: «Зависть подсчитывающих умножает мудрость» (игра слов, «кинат софрим» также – зависть к пишущим книги, а также зависть к Творцу, «Софер» – Творец). То есть, если каждый, глядя на группу, видит, что товарищи находятся на более высоком уровне, как в мыслях, так и в делах, то естественно, что каждый должен будет подняться на более высокую ступень, по сравнению с той, на которой находится он, в соответствии с качествами своего тела.

Это значит, что даже если от рождения у него нет больших устремлений, и его не привлекают почести, все же из чувства зависти он может приобрести дополнительные силы, то, чего нет у него от природы, что не дано ему от рождения. Степень его зависти – эта сила рождает в нем новые силы, которые есть в группе. И с их помощью он получает новые качества, то есть, те силы, которые не были даны ему родителями. То есть, с помощью группы он получает новые качества.

Таким образом, кроме качеств, которые он получил при рождении от родителей, в человеке появляются качества, которые он приобрел у группы. И это новое приобретение. А возможно это только с помощью силы объединения с группой, с помощью зависти, которая есть у него по отношению к товарищам, в то время как он видит в них качества, лучшие, чем есть у него самого. Это побуждает его приобрести те хорошие качества, которые есть в них, и которых нет у него, и он завидует им. Таким образом, когда человек видит, что его товарищи находятся на более высокой, чем он, ступени и завидует им – эта сила позволяет ему заработать, приобрести от группы новые качества.

Но об этом можно говорить, если он действительно видит, что группа находится на более высокой ступени. Однако, в то время, когда злое начало (ецер ра) говорит в человеке, оно показывает ему, что группа ниже его по положению, и дает ему понять, что напротив, эта группа, с которой ты хочешь объединиться, – она не для тебя, ведь они находятся на ступенях намного более низких, чем та, на которой находишься ты. А если так, то от такой группы ты не только не можешь ничего получить, а наоборот, даже если малы твои силы, полученные от рождения – силы такой группы, ее качества еще меньше, чем твои. И тогда наоборот, беги от них!

А если ты хочешь объединиться с ними, посмотри – насколько все они не хотят тебя слушать, когда ты объясняешь им, как должна вести себя группа, в соответствии с тем, как ты это понимаешь. То есть как они должны вести себя, когда собираются вместе, как они должны учиться и как молиться. Чтобы они были серьезны и не веселились просто так, чтобы никогда не говорили о материальных вещах: о том, кто как работает – легко или тяжело, мучается кто-то на работе, или доволен ею, как у кого-то несправедлив начальник, и человек вынужден терпеть его, или как притесняют его сослуживцы и т.д. Обо всяких пустяках, которые не стоит слушать, поскольку все это материальные вещи, а он пришел на встречу товарищей исключительно из высоких целей, то есть, он по-настоящему хочет работать на Творца.

И выходит, что всякий раз, когда он хочет забыть о материальном, которое действительно проникло в самое его сердце, и он хочет избежать его, забыть о нем, появляются товарищи и начинают разговаривать о материальном. А его не интересует материальный мир товарища, потому что сейчас он стремиться к духовному. И чего это товарищи морочат ему голову своими материальными заботами, ведь они совершенно не трогают меня? Разве для того я хочу забыть о своем материальном мире, чтобы у меня было время думать о материальных делах товарища? Разве для этого!? И если так, то будет лучше, говорит мне тело, если послушаешься меня и уйдешь от них, и так наверняка преуспеешь больше, не стоит забивать себе голову всякой чепухой.

В то время, когда тело показывает человеку низменность товарищей, что можно ответить ему? Ведь претензии его справедливы. То есть, когда тело советует ему не приближаться к группе, это не потому, что тело хочет, чтобы человек был грешником. Наоборот, тело говорит ему: «Если ты уйдешь из группы, то будешь еще большим праведником, будешь думать только о своей духовности, а о материальном – только по мере необходимости».

Но если вместе с тем человек верит, что без группы невозможно продвигаться и достичь любви к Творцу, поскольку это трамплин, позволяющий выйти из любви к самому себе, и прийти к любви к Творцу, то нет для него другого совета – только идти верой выше знания. Поэтому он должен сказать своему телу: «То, что ты видишь, что товарищи не очень-то стремятся достичь любви к Творцу, так, как стремишься к этому ты, это потому, что ты мое тело, и я вижу, что оно более святое, чем тело товарища, то есть, что ты хочешь работать на Творца. И я вижу, как ты советуешь мне оставить группу, так как тела моих товарищей выглядят более низменными, и у них нет сил скрыть свои плохие качества, а ведь принято, чтобы каждый человек скрывал от другого то зло, которое есть в нем, чтобы другой уважал его за его высокие качества. А здесь зло в товарищах настолько велико, что они не в состоянии его преодолеть и скрыть, чтобы другой не увидел его. Таким образом, несомненно, что в соответствии с тем, что я вижу, они более низменны. Но я не могу продвигаться, несмотря на все мои прекрасные качества! И верой выше знания я выполню сказанное мудрецами: «очень желательно ощущение собственной низменности». То есть, я должен идти верой выше знания и верить, что они находятся на более высокой ступени, чем та, на которой нахожусь я. И тогда, в соответствии с моей верой, я могу получить помощь и поддержку от группы. Получить все, что способна дать группа».

Когда человек принимает на себя обязанность любить товарищей верой выше знания, это является необходимостью, продиктованной отсутствием другого выбора, но в знании он видит, что справедливость на его стороне.

Поэтому именно по отношению к товарищам ступень «в знании» более важна, чем ступень «выше знания». Поскольку на самом деле человек, стремящийся приблизится к Творцу посредством своей работы, желая работать только ради отдачи, начинает открывать в себе плохие качества. И они не постигаются умом, а ощущаются в сердце.

То есть он должен почувствовать, что он самый плохой и самый низменный во всем мире. И если еще не достиг этого ощущения и кажется ему, что есть кто-то хуже его, то наверняка еще не достиг осознания зла. Значит зло, скрытое в сердце, ему еще не открылось. Поскольку не может видеть его, пока нет в нем хоть немного хорошего. Как, например, в темноте не видна грязь в доме. Но когда зажигают свет, то можно увидеть, что она там есть.

И также, если не совершает человек хороших поступков, т.е. не занимается Торой и молитвой, и хочет приблизиться к Творцу, но нет у него, чем посветить в свое сердце, чтобы была возможность увидеть все зло, находящееся в нем.

Почему же он не видит, что в сердце его больше зла, чем у всех его друзей? Это потому, что не достает ему еще свойств добра. Поэтому думает о себе, что свойства его лучше, чем у его друга.

Из сказанного следует, что пока человек еще видит, что его друзья хуже него, это значит, что нет в нем свойств света, чтобы увидеть зло внутри себя. И значит, все зло, находящееся в человеке, не называется злом. Потому что у всех есть это зло, называющееся желание получать ради себя или эгоизм.

Но все различие – в обнаружении зла. Человек не ощущает вреда от своего эгоизма, потому что не видит, что ему будет плохо от того, что занят лишь удовлетворением, наполнением своего эгоизма, своего себялюбия. Но когда он начинает выполнять духовную работу пути Истины, т.е. хочет достичь слияния с Творцом, чтобы все его действия были ради отдачи, он получает каждый раз немного света, показывающего ему, что желание получать для себя – зло. И это происходит последовательно и постепенно, так, чтобы каждый раз видеть, что оно мешает достичь слияния с Творцом, и с каждым разом он видит все отчетливее, что его желание получать – постоянный враг его. Царь Шломо называл эгоистическое начало смертельным врагом, как написано: «Если голоден враг твой, накорми его хлебом, потому что горящие угли сгребаешь ты на голове его».

Мы видим, что человек на самом деле должен почувствовать, что он хуже всех, потому что такова истина. И надо еще понять сказанное мудрецами: «Дух соперничества умножает мудрость». И это происходит как раз тогда, когда человек воспринимает все своим разумом. Но когда идет выше разума, то превосходство товарища ему не видно настолько, чтобы могла возникнуть зависть к нему, которая толкала бы его к труду и усилиям, поскольку дух соперничества с товарищами обязывает к этому.

Бааль Сулам объяснил высказывание раби Йоханана: «Увидел Творец, что малочисленными становятся праведники, взял и поселил их в каждом поколении», как сказано: «Потому что у Творца основы земные, и держится на них Вселенная». И объяснил: «Рассеял во всех поколениях» – чтобы были основой и поддержкой, и началом существования Вселенной.

Малочисленны – означает, что их становится меньше, и исчезают совсем. Поэтому, что Он сделал? – «взял и поселил в каждом поколении». Т.е. посредством того, что поселил в каждом поколении, они умножатся. И надо понять, как посредством рассеяния во всех поколениях будут умножаться. Т.е. надо понять, в чем отличие: находятся ли все праведники в одном поколении или рассеяны во всех поколениях, почему вытекает из сказанного Раши, что с помощью этого станет больше праведников.

И он (Бааль Сулам) сказал: «Благодаря тому, что будут праведники в каждом поколении, будет место тем, у кого нет от рождения подходящих свойств, чтобы достичь слияния с Творцом. Поэтому соединятся с этими праведниками, и, благодаря тому, что будут связаны с ними, будут учиться их действиям и смогут приобрести новые свойства от этих праведников. Поэтому рассеял их в каждом поколении, чтобы таким образом умножались праведники». Как уже говорилось, также с помощью связи с друзьями можно получить новые свойства, обладая которыми, удостоятся достижения слияния с Творцом.

И только в случае, если человек видит преимущества товарищей, можно сказать, что он научится их действиям. Но когда видит себя выше них, тогда уже нечего ему взять от них.

Поэтому сказано, что, когда твой эгоизм указывает на то, что твои товарищи хуже и ниже тебя, ты должен идти выше своего разума. Но, конечно же, лучше и успешнее он продвигался бы, если бы понимал своим разумом, что друзья выше него. И становится понятной молитва, составленная для нас раби Элимелехом: «Дай нашему сердцу видеть в своих друзьях только лучшее, а не их недостатки».

Но в отношениях между человеком и Творцом все совершенно по-другому. Здесь лучше идти выше разума, и если человек ставит веру выше разума, то он находится на верном пути.

Но человек понимает по-другому своим умом, т.е. считает, что если бы Высшее управление стало открытым всем, тогда весь мир занимался бы Каббалой, и не осталось бы атеистов, и все бы были верующими. Но поскольку управление Его скрыто от низших, то должны верить, и это трудно, ведь Творец дал нам разум и понимание каждой вещи согласно тому, что предстает перед нашими глазами. Все отношения между людьми мы оцениваем нашим разумом и все познаем только умом, как сказано: «Судья выносит решение согласно тому, что видит воочию». И получается, что во всем мы следуем пониманию внутри нашего разума, но не выше его.

Поэтому, когда человек начинает работу Творца и должен следовать указанию «принять на себя веру выше знания», он начинает думать: «Разве я не вижу, что Творец дал нам разум судить обо всем согласно нашему пониманию, насколько наш разум осознает. И как я могу согласиться с чем-то, что идет против нашего разума». И очень трудно нашему телу понять, что стоит работать выше разума.

А выше разума должно быть как в уме, так и в сердце. И поэтому не каждый может включиться в работу ради отдачи – работу выше разума. Потому обучают приходящих заниматься Каббалой в порядке, предложенном еще Рамбамом: начинают в ло лишма – не ради Творца, пока не умножатся их знания и не приобретут дополнительную мудрость, тогда открывают им, что основа работы – ради отдачи, называемая работа ради Творца – ли шма.

И надо понять, почему именно ради отдачи предпочтительнее. Ведь разум обязывает к обратному. Если бы работа Творца была понятна нашему разуму, больше людей хотели бы работать на Творца. Об этом Бааль Сулам сказал: «Чтобы не думал человек, что работа выше разума, данная нам Творцом – низкая ступень. Мы должны верить, что это очень высокая ступень, что именно с помощью этого есть у человека возможность достичь ступени ради отдачи, а иначе вынужден бы был работать ради себя». Если бы работа совершалась разумом, конечно, было бы больше работающих, но никогда не смогли бы прийти к слиянию с Творцом – к работе ради отдачи. Поэтому, хотя работа и выполнялась бы с большим рвением, но не было бы никакой возможности прийти к состоянию, когда человек стал бы пригоден для получения добра и наслаждения, которые Творец хочет ему дать. Ведь известно, что Его желание – насладить творения.

Но чтобы не было недостатка в полученном наслаждении (недостаток этот называется – стыд), произошло исправление сокращением, чтобы высшее наслаждение могло светить только в мере подобия свойств. Это значит, что создания получат наслаждения только в мере своего желания отдавать, а пока этих желаний нет, вынуждены оставаться во тьме, что называется «умрут, не приобретя мудрости».

Но должны знать, что даже в состоянии ло лишма есть свет. Об этом сказали мудрецы: «Пусть постоянно занимается человек Каббалой ло лишма, потому что из ло лишма приходят в ли шма, поскольку свет возвращает к Источнику». Но затем должен достичь состояния ради отдачи, – т.е. и умом, и сердцем работать выше разума.

Что же касается отношения к другу, то, если может любить его, понимая это своим разумом, пытаясь увидеть, что друзья находятся выше него в своей связи с духовным – такая работа предпочтительнее. То есть если разумом понимает, что друзья ближе него к слиянию с Творцом – в этом есть преимущество относительно состояния, когда должен верить выше разума. Когда же на самом-то деле он видит себя выше и видит низменное состояние своих друзей, но верит выше своего разума, помня Заповедь, в соответствие с которой он должен верить, что они не такие, какими он их видит. Но, конечно, лучше, если он уже достиг осознания этого.

Подобным образом можем объяснить написанное: «Но сказал Творец Шмуэлю: «Не смотри на вид его и высокий рост его, ибо отверг Я его. Ведь суть не в том, что видит человек, ибо человек видит глазами, а Творец видит то, что в сердце».

Мы видим, что когда Творец послал пророка Шмуэля помазать на царство одного из сыновей Ишая, Шмуэль понял согласно увиденному им воочию, что Элиав, сын Ишая достоин быть царем Исраэля вместо царя Шауля. Творец не согласился с этим. И только в конце, когда привели к нему Давида, а он был «пастухом овец, румяный, с красивыми глазами и миловидный», сказал Творец: «Встань, помажь его, ибо это – он».

Чему нас это учит? Мы видим здесь две особенности:

1) Шмуэль, со своей стороны, увидел в Элиаве качества, достойные для царствования над Израилем.

2) Творец же сказал ему: «Нет, не иди согласно своему пониманию». Потому что в отношении к Творцу разум не может принести никакой пользы. Но выбери того, кого Творец пожелал провозгласить царем. Это называется отношениями между человеком и Творцом, где нет места пониманию, «ибо Мои мысли – не ваши мысли, и Мои пути – не ваши пути». Поэтому сказал ему Творец: «Не то, что видит человек, ведь человек видит глазами, а Творец видит то, что в сердце».

И, согласно этому, можно объяснить сказанное: «Ибо человек видит глазами» – это хорошо в отношениях человека к другу. Хорошо, когда может идти в соответствии со своим разумом, согласно тому, что предстает глазам человека. Вместе с тем – «...а Творец видит то, что в сердце». Поэтому то, что касается человека и Творца – это выше разума, и не должен смотреть человек на видимое глазами, а выше этого. И надо понять:

а) в отношениях между человеком и Творцом – предпочтительнее идти выше разума.

б) в отношениях между человеком и другом – лучше разумом.

Поэтому сказал ему Творец: «Не смотри на вид его». Ведь идти согласно увиденному хорошо по отношению к другу, если способен увидеть преимущества друга. И если Я хочу помазать его на царство, это действие относится ко Мне – Я хочу, чтобы был царем. Это относится к отношениям «между человеком и Творцом». И здесь именно работа выше разума является правильной работой, и как раз посредством нее человек может достичь намерения ради отдачи, а иначе упадет в свой эгоизм, что является причиной отделения и отдаления от духовного.

Но здесь спрашивается: что происходит после того, как человек решил идти выше разума, не обращая внимания на вопросы, которые его тело представляет ему в виде возражений всего мира? Он отвечает на все эти вопросы и не хочет смотреть ни на что, идущее в противоречии с «разумом и сердцем», но решил идти только «выше разума». И тогда, после этого решения, приходят иногда к нему красивые объяснения, с которыми его тело вынуждено согласится. И если он видит, что идет сейчас «разумом», что он может предпринять, когда стал понимать посредством объяснений, которые получил свыше? И говорит себе: «Что же мне делать, когда нет у меня возможности работать выше разума. Ведь сейчас я понимаю, что именно так и должно быть, что я работаю ради отдачи. И нет у меня возражений против работы Творца, которые были, когда вынужденно работал выше разума. Но, поскольку, суть работы – выше знания, что можно предпринять в теперешнем своем состоянии?»

И Бааль Сулам сказал, что когда человек удостаивается какого-то откровения свыше, он чувствует тогда, что стоит работать на Творца. Получается, что до этого была у него работа выше разума, когда тело не соглашалось, и он должен был все время сосредотачивать усилия на преодолении сопротивления тела и нуждался в Творце, чтобы дал ему силу идти выше разума. Теперь же он уже не нуждается в помощи Творца, потому как чувствует, что есть у него основа, которая может стать фундаментом его здания: ему есть уже на что опереться.

В сравнении с предыдущим состоянием получается, что человек наносит ущерб вере, как бы говоря: «Наконец-то я избавился от бремени веры, которая была ярмом и тяжелым грузом. Сейчас уже можно опереться на разум, поскольку я получил побуждение свыше, и тело тоже согласно с целесообразностью выполнения указаний Каббалы». И таким образом причиняется ущерб вере.

И поэтому сказал Бааль Сулам: «Теперь человек обязан сказать, что видит настоящий путь – идти именно выше разума. И доказательством тому служит, что получил свечение свыше именно как результат согласия идти выше разума. Потому и удостоился того, что Творец приблизил его немного к Себе и дал свыше стремление к духовному.

Это, полученное свыше, стремление и дает ему ответ на все трудности и свидетельствует о правильности пути выше разума. Что же мне делать, чтобы продолжить идти тем же путем? Собрать только силу воли и начать искать возможности работать «выше разума».

Получается, что не навредил совсем вере, в которой находился перед получением свечения свыше, т.к. и сейчас не берет это свечение за основу, на которой выстроит все здание своей работы, но берет это свечение в качестве доказательства, что идет истинным путем – верой выше знания. И только в этой работе Творец приближает человека к Себе и дает ему место приблизиться к Себе, потому что такое приближение не даст ему упасть в свой эгоизм, называемый «знание». Поскольку Творец видит, что он старается идти только выше знания.

Из сказанного следует, что в отношении пути выше разума есть разница, когда говорится об отношениях между человеком и Творцом, или между человеком и его другом.

Потому что умение понять своим разумом положительные качества друга похвально. Но если человек видит только недостатки друзей, нет у него выбора – только идти выше разума и сказать: «Все, что я вижу, слышу и чувствую, все это неверно и неправда. Потому что не может быть, что я ошибся, выбирая именно этих друзей для соединения с ними. Не может быть, чтоб мой расчет был неверен, когда я думал, что они смогут обогатить меня духовно, поскольку есть в них достоинства, которых нет у меня. И потому, соединившись с ними, я смогу подняться на более высокий уровень – так мне казалось. Сейчас же я вижу, что на самом-то деле думаю иначе. Но я же слышал, что Бааль Сулам сказал: «Единственное, что может помочь человеку выйти из себялюбия и удостоиться любви Творца, это – любовь к друзьям».

Поэтому нет у меня выбора: я должен соединиться с ними, несмотря на то, что вижу, что лучше бы мне отдалиться от них и не присоединяться к ним. Но ничего не поделаешь, я обязан верить, что на самом деле все мои друзья находятся на ступеньку выше меня. А я не заслужил увидеть их достоинства. И поэтому должен верить выше знания. И если бы смог увидеть это своим разумом, то мог бы получить большую пользу от них. Но, к сожалению, выбирать не приходится».

В отношениях же между человеком и Творцом – все по-другому. Потому что место, где может идти выше разума, предпочтительнее. И поэтому человек может получать поддержку в разуме, т.е. когда удостоился небольшого свечения свыше, тогда есть у него возможность сказать: «Я вижу, что стоит быть работником Творца, ведь я чувствую вкус в работе».

Получается, что он взял это свое ощущение за основу, на которой строит свое единство с Творцом. И сейчас он понимает своим умом – стоит заниматься Каббалой. То есть все основание его опирается на это условие – когда есть вкус в работе, стоит слушаться голоса Творца. Выходит, в противном случае, когда нет вкуса к работе, не способен выполнять указания Творца.

Известно, что принятие Высшего управления должно быть «всей душой и всем естеством», даже когда забирают у него «душу». Значит, когда нет в нем никаких жизненных сил, нет ни малейшего желания, то и тогда должен работать на Творца и не выставлять Творцу условий, говоря: «Если Ты выполнишь мое желание (в том, чего мне не хватает по моему разумению, в чем я ощущаю недостаток), если исполнишь его, я обещаю Тебе, что буду твоим работником. Если же не исполнишь все, что мне кажется необходимым, – не смогу принять на себя все то, что Ты заповедал мне через Моше».

Но человек должен принять Высшее управление на себя без всяких условий, выше разума. Более того, должен сказать, что необходимо работать выше разума не потому, что Творец не может нам дать разум, но потому, что надо верить, что это для нашей же пользы. Получается, что в отношениях человека с Творцом надо стараться быть выше разума. И если человек получает какое-то знание, то должен вести себя так, как объяснялось выше.

Михаэль Лайтман

ПРИНЦИПЫ РАБОТЫ В ГРУППЕ

Влияние среды на человека

Известен закон, действующий во всем мире, о неизбежно плохом воздействии на специалиста своего дела окружения непрофессионалов, когда он попадает в их среду и учится у них.

Если, например, сапожник высокой квалификации попадает в среду сапожников-непрофессионалов, то они дают ему понять, что не обязательно шить качественные сандалии, и вообще хорошую и красивую обувь, что можно делать, как получится. Или когда портной, специалист высокого класса, находится среди плохих портных, то они внушают ему, что незачем стараться, прилагать усилия и трудиться, чтобы одежда была хорошо сшитой и впору заказчику. Поэтому он должен остерегаться, чтобы не вступать с ними в контакт.

Однако если строитель присоединяется к портным, то не сможет научиться от них плохому, поскольку между ними нет никакой связи. Но если люди имеют одну и ту же профессию, то каждый должен беречь себя и находиться в контакте только с людьми с чистым сердцем (которые хотят правильно использовать свою профессию).

Человек так устроен, что находится под влиянием окружающего его общества. У нас существуют следующие желания:

- желания тела (пища, секс, семья), которое всегда с нами, и даже если бы человек жил где-то один, он все равно бы эти желания ощущал;

- желания общественные, которые возникают у нас под влиянием окружающего общества, это желания богатства, славы, власти и знания.

Если бы человек не находился в обществе, он бы эти желания от общества не получил, их бы у него не было. А поскольку каждый из нас находится в соответствующем обществе, то мы постоянно получаем от него различные воздействия.

Бааль Сулам в статье «Свобода воли» пишет: «Если я нахожусь в обществе: в мире, в семье, на работе, дома, в каком-то клубе – я подпадаю под влияние окружающей меня среды. Я никак не могу от этого изолироваться и бесполезно этому противостоять».

Тогда возникает вопрос: в каком обществе стоит находиться, в каком – не стоит, и может ли вообще человек в нашем мире как-то контролировать влияние, под которое он попадает?

Я нахожусь в мире. В этом мире есть:

- моя семья – это общество, которое очень сильно влияет на нас;
- работа, где человек проводит много времени;
- хобби;
- средства массовой информации: радио, телевидение, реклама, газеты – все, что воздействует на нас;
- воспитание, которое мы получили в прошлом (хотя в настоящем его, может быть, уже и нет, но детский сад, школа, институт – все это накладывает свой отпечаток).

И я оказываюсь посреди всех этих воздействий – маленький, несчастный, ничтожный человечек, и я не знаю, что делать.

Бааль Сулам говорит, что проблема в том, что нам никуда не деться: Творец устроил это специально. Он, как бы, говорит: «Я тебе выстроил такой мир, который будет действовать на тебя со всех сторон».

И тогда появляется статья Рабаша, в которой он объясняет, что же мы можем делать со всеми этими воздействиями. Потому что человек, как следует из статьи «Свобода воли», может изменить лишь влияние на него окружающего общества – себя он менять не может.

Я нахожусь посреди всех воздействий, и единственное, что я могу сделать – решить: «А что на меня будет влиять».

Итак, я существую сам по себе и хочу привести себя из одного состояния в другое – большое . Я всегда стремлюсь к большему состоянию, но чем я хочу наполниться? Чем второе состояние больше, чем первое?

Я сам не смогу ничего сделать. Я могу сделать только одно единственное: найти такое окружающее общество, которое бы начало на меня влиять и, таким образом, привело меня из первого состояния ко второму.

А что же мне делать с остальными обстоятельствами и людьми, которые влияют на меня?

Рабаш говорит: «Относись к ним, как не касающимся тебя, они не занимаются тем, чем ты. Если ты портной, то должен бояться только плохого влияния портных, чтобы они не испортили тебя. Ты должен стараться всегда быть в обществе самых лучших портных – тогда и ты захочешь быть лучше, будешь продвигаться вперед. А если рядом с тобой находятся каменщики, бетонщики, физики, химики, математики – тебя это не интересует. Плохие они или хорошие, о чем бы они ни говорили – на тебя они воздействовать не могут. Все их интересы, все их профессиональные проблемы, проходят мимо тебя, на твою работу они повлиять не могут».

Поэтому, в каком бы обществе, под каким бы воздействием окружающих мы ни находились, мы должны быть внутри своего специализированного направления – к Творцу. И тогда – говорят ли они о коневодстве или оленеводстве, или о том, что следует кушать или пить, или о политике – меня это все не будет касаться, я не буду это воспринимать, потому что мои мысли совершенно отличаются от их мыслей. Но если только я буду думать о том, что мое продвижение к Творцу зависит от политики, зависит от того, что я ем или пью, зависит от того, что я делаю физически, то в этой мере я буду находиться под влиянием окружающего общества.

Итак, самое главное, что нам надо понять, – что наше движение к Творцу настолько свободно от всех земных условий, правил, расчетов, что если человек включает себя в соответствующую группу, правильно настроившись на Творца, то после этого он может находиться где угодно. Ни в одном обществе он не попадет на ту же волну, на которой работает то общество, – у него всегда останется своя, строго изолированная волна, потому что направление на

Творца отделено от всего, что есть в нашем мире, оно совершенно ни с чем не связано.

Во всем, что окружает нас в этом мире (в людях, в средствах массовой информации, в образовательных структурах) нет ни одного действия, мысли, расчета, желания, которое было бы устремлено к Творцу. Поэтому нам нечего их бояться, надо только правильно себя настроить.

Более того, как сказано в статье «Нет никого, кроме Него», если человек так настраивается, то он видит, что все окружающее его: общество, работу, учебу семью, – как помехи, которые пытаются на него воздействовать. Они на самом деле специально устроены вокруг него Творцом, который таким образом создал наш мир, чтобы через все эти окружающие помехи заставлять человека вырабатывать более острое направление на Себя – на слияние с Собой. Эти помехи – это дополнительные данные, параметры, при помощи которых я более точно настраиваюсь на Цель.

В соответствии со сказанным, каждого, о ком ты думаешь, что он работник Творца, ты должен остерегаться: «Действительно ли он им является?».

Здесь уже говорится не просто о людях, которые не имеют отношения к Каббале, а о тех, кто говорит, что он каббалист. Есть «каббалисты», продающие красные нитки, святую воду, есть такие, которые считают, что тридцать лет занимаясь Каббалой, они находятся уже в высших сферах – есть разные. Каким же образом нам надо с ними себя вести? Контактировать или нет, бояться их влияния или нет? Есть различные книги, много разных течений и не только в Каббале, а может быть, близко к ней, есть всевозможные духовные, мистические методики.

Рабаш объясняет. **В соответствии со сказанным, каждого, о ком ты думаешь, что он работник Творца, ты должен остерегаться: «Действительно ли он им является – то есть, стремится ли, чтобы его работа была чистой, совершенной, с желанием достичь намерения ради Творца, или, по меньшей мере, он знает, что не является пока еще хорошим работником, но ищет способы, как исправить свое положение, и не работает с намерением лишь получить вознаграждение?»**

Следовательно, самое главное для нас – оказаться в окружении, где каждый понимает, что он собой представляет, для чего он находится в нашей группе – для того ли, чтобы достичь цели? И если нет у него никаких других посторонних выгод, – тогда он может оставаться с нами. И не важно – он устремлен к Творцу или понимает, что не устремлен, но истина для него определена.

Хорошим работником и художником называется тот, кто не считается с вознаграждением, а получает наслаждение от самой работы. Например, настоящий портной, зная, что одежда полностью пришлась впору заказчику, получает духовное наслаждение, удовлетворение от своей работы – большее, чем от денег.

Вместе с тем не страшно, если ты встречаешься с людьми, которые не являются представителями твоей профессии: ты, допустим, занимаешься строительством, а они обработкой кожи. Но если люди занимаются Каббалой и не стараются, чтобы их «одежда» была впору Хозяину, тогда ты должен держаться от них подальше, бежать от них как от огня.

Именно и только от тех, кто находится, якобы, в той же «профессии», что и ты. И поэтому, если у тебя нет контактов с людьми, соблюдающими традиции, то ты не должен остерегаться их.

Людей, принадлежащих к различным религиозным партиям, уже необходимо остерегаться. Хасидов, которые говорят о том, как им близка Каббала, ты должен остерегаться еще больше. А людей, которые окружали Бааль Сулама (то есть были близки к нему или к Рабашу, вроде бы находились в его окружении), ты должен остерегаться и быть к ним еще более внимательным. Почему?

Смысл сказанного мы можем понять из того, что в мире Некудим мелех а-даат, который находился на уровне Кетер (первый мелех, то есть самый большой парцуф), во время разбиения келим упал ниже всех мелахим, потому что каждый, имеющий больший авиют, является наиболее совершенным при наличии экрана, но становится наихудшим, когда лишается экрана и потому падает ниже всех.

Это объясняется тем, что у тех, кто идет по пути Творца, желание получать удвоено – как в отношении материального, так и духовного. Поэтому, если они еще не достигли выхода в высший мир, но, будучи в окружении, допустим, Бааль Сулама, а в нашем случае и Рабаша, имели поддержку от своих Учителей, то они были на высоком уровне: у них был авиют и был, кроме того, экран. Но экран у них был благодаря их Учителям, – они принижали себя, не позволяли себе проявлять свой эгоизм относительно других, и тогда не было заметно, насколько они преследуют иные цели, кроме духовных.

А сейчас, когда умер Учитель, и они не могут создать экран и обуздать свои желания, вся их работа заключается в том, чтобы стать хорошими, знаменитыми, праведниками, может быть большими каббалистами, духовными предводителями поколения – а это уже раскрытие эгоизма, авиюта без экрана. И это определило все, что из них получилось. И потому они должны быть подозрительны нам во всем, и мы должны как можно дальше держаться от них.

Рабаш говорит, что тут возникает такое состояние, когда ученики, находясь рядом со своими Учителями, являются самыми большими людьми, но, оставшись без Учителей, они начинают падать и проявлять себя противоположным образом.

Это письмо он пишет сразу же после смерти своего отца о тех учениках, которые были вместе с Бааль Суламом, чтобы предостеречь, не попадать под их очарование: дескать, они были рядом с ним, и поэтому есть чему у них учиться.

Имеет значение не то, что ученик находился рядом с большим человеком, а только то, что он сам собой представляет, – и об этом необходимо помнить. Потому что возможно, что его экран, вся его духовная мощь в то время существовала лишь потому, что он находился рядом с большим.

Я говорю кратко, потому что не хочу, чтобы они занимали мои мысли, поскольку известно правило: «Человек находится там, где его мысли». И чтобы сказанное было более понятно, я приведу небольшой пример.

Известно, что между двумя уровнями есть промежуточный, сочетающий в себе одновременно свойства, как первого, так и второго: между неживым и растительным есть кораллы; между растительным и животным уровнем – так называемый, «келев саде»; между животным и говорящим – приматы, обезьяны. И возникает вопрос: «Что является промежуточным уровнем между правдой и ложью, то есть, какая категория состоит одновременно из этих двух свойств?».

И, прежде всего, я добавлю еще одно правило. Как известно, микроскопический предмет невозможно увидеть, а большой увидеть легко. Поэтому, когда человек находится в небольшой лжи, он не способен увидеть правду, так как он следует по ложному пути, а говорит, что идет по пути правды, и нет большей лжи, чем эта. И все потому, что ложь его недостаточно велика, чтобы было видно истинное состояние.

Это подобно состоянию осознания зла. Когда мы достигаем полностью осознанного зла – что мы абсолютно слабые, абсолютно противоположные духовному – это состояние и считается самым лучшим, потому что из него-то мы и начинаем вырываться в хорошее состояние, в правду. То есть состояние осознания зла, осознания вреда, осознания лжи, является той отправной точкой, с которой я начинаю истинный путь.

Когда человек приобрел много лжи, величина ее возрастает до такой степени, что он захочет увидеть правду, и у него уже есть такая возможность. И тогда он видит ложь и то, что он следует по пути лжи, видит свое реальное состояние, то есть видит правду в своей душе – видит, как подняться на правильный путь.

Таким образом, эта точка, являющаяся точкой правды, показывающая, что он идет дорогой лжи, и есть промежуточное звено между правдой и ложью. Мозг скрывает правду и ложь, и эта точка – конец лжи, и от нее начинается правда.

И становится ясно, что для того, чтобы удостоиться намерения ради отдачи, сначала мы должны приготовить самое большое намерение ради себя. Сказано в письме на стр. 70 в книге «При Хахам»: «Когда находишься в такой страсти и любви, то есть в желании поглотить в себя все духовное, что, кроме этого, ничего не желаешь». Это огромнейший эгоизм, и именно из него и есть переход махсома.

Намерение ради себя называется ложью, а намерение ради отдачи называется правдой. Когда ложь невелика, то есть заповеди и добрые дела малы, получается, что у человека маленькое намерение ради себя, и он не способен видеть, что оно – ради себя (настолько оно мало), и поэтому он думает, что идет по правильному пути, по пути правды, то есть действует ради отдачи.

А когда днем и ночью занимается Каббалой, для того чтобы достичь отдачи, то начинает видеть, что идет по пути лжи и тогда начинает исправлять свои действия. Только в этой точке начинается процесс, когда от намерения ради себя переходят к намерению ради отдачи. И поэтому, если человек ленится в процессе работы, то у него нет возможности увидеть правду – какую правду? – насколько он погряз во лжи. Но посредством увеличения усилий в занятиях Каббалой с намерением ради Творца можно увидеть правду и тогда найти в себе эту точку, с которой начинается новый путь.

Это отрывок из письма Рабаша, написанного после смерти Бааль Сулама как предупреждение ученикам, которые могли попасть под влияние тех, кто был рядом с Бааль Суламом.

Но мы должны это использовать для всех случаев нашей жизни и следить за тем, в какой среде мы находимся: ни в коем случае не сталкиваться и не вступать ни в какие полемики с другими, якобы, каббалистами. И не приносить, таким образом, в группу «инфекции» от других «каббалистов», от других действий, мнений. Со всеми остальными надо обращаться так, как будто они не относятся к нам, а находятся, как бы, в другом мире, – они совсем по другой «специальности», и меня это не интересует.

Максимальное изолирование себя от всего окружающего заключается в том, что я постоянно удерживаю себя в направлении на Творца. И тогда все, о чем бы ни говорили в мире вокруг меня, просто находится не на той волне, на которой я слышу и которая на меня не воздействует. В той мере, в которой человек себя таким образом изолирует, он продвигается вперед.

• ***Вопрос:*** *То есть он предостерегает нас от того, чтобы мы соприкасались с окружающими?*

Я не остерегаюсь быть связанным с другими людьми – ты неправильно понял, я ни в коем случае не убегаю от окружения. Я даже могу смотреть телевизор, выбирать оттуда то, что мне конкретно надо. Я могу, если надо, слушать всякие разговоры на улице. Они не должны мне мешать в моем пути к Творцу, если я полностью нахожусь по направлению к Нему.

Я разговариваю дома с семьей, с женой, общаюсь на работе со своими сотрудниками, коллегами, а не выделяю себя: «Мне, мол, с вами не о чем разговаривать». Я могу быть среди всех, но мое «Я» находится в четком направлении на Творца, и поэтому мои контакты с людьми не мешают моему духовному продвижению, а, наоборот, на этих контактах с остальными я над ними строю и возвышаю свое отношение к Творцу. Таким образом я поднимаюсь вверх.

Есть два варианта отношения к нашему существованию в этом мире.

Я могу сказать, что в этом мире вообще ничего нет, он весь пустой, ноль. В нем нет никаких наслаждений, я себе во всем отказываю, на все делаю Цимцум: я не позволяю себе никаких излишеств, я веду себя, как полнейший аскет. Тогда я этот мир низвожу до точки, до нуля и говорю: «Духовное – это то, что выше этого мира». То есть духовное – всего лишь выше нуля.

Или же я говорю, что этот мир полон всяких наслаждений, интересных вещей, идей, и я с ними в контакте, – но свое отношение к Творцу я строю над этим. Тогда духовное у меня еще выше, чем мне кажется этот мир, то есть я, таким образом, его еще больше возвышаю.

Первый путь – это путь «мусар», когда человек как бы отрекается от всего того, что есть в этом мире (восточные техники также относятся к этому пути). Этот метод неверный, потому что человек должен сказать: «Для меня создан весь этот мир, но я поднимаюсь выше него. Все созданы для того, чтобы помогать мне, а я – для того, чтобы служить Творцу».

Следовательно, методика Каббалы заключается в том, чтобы жить внутри этого мира, работать, не изолировать себя ни от кого и ни от чего, не затыкать уши, не закрывать глаза, но одновременно выработать у себя такое устремление к Творцу, которое бы тебя внутренне, духовно, изолировало, подняло над этим миром. Тогда ты действительно будешь расти из этого мира, а не из какого-то искусственно созданного вакуума. Это очень важно.

Поэтому Каббала обязывает человека жениться, работать, содержать семью, участвовать в жизни общества – абсолютно во всем и, одновременно с этим, заниматься постижением Творца.

Цель создания группы

16.12.2004

Человек изначально сотворен с желанием получать наслаждения...

Вся наша природа – это желание наслаждаться. О чем бы мы ни думали, чего бы мы ни хотели – это все лишь всевозможные меры наличия или отсутствия наслаждения, не больше.

И даже самые отвлеченные, абстрактные понятия в наших мыслях, в наших планах, которые, вроде бы, к чувствам не имеющие никакого отношения, все равно базируются только на ощущении «лучше – хуже». И лишь после этого наши ощущения формулируются разумом.

Человек изначально сотворен с желанием получать наслаждения, называемым любовью к себе, эгоизмом (эгоизмом мы называем желание наслаждаться). Поэтому, если человек не чувствует, что он что-то получит, то он не способен даже на малейшее движение.

Причем предвкушаемое им заранее наслаждение должно быть больше того, которое он испытывает в настоящий момент. Тогда разница между наслаждением в данный момент и наслаждением в будущем и будет той стимулирующей силой, которая вызовет движение.

Но без подавления своего эгоизма невозможно достичь слияния с Творцом (подобия свойств с Ним).

Как же мы можем сами в себе подавить эгоизм? Откуда мы возьмем энергию? Если бы подавляя эгоизм, я получал наслаждение (как какой-то мазохист), тогда я бы это делал ради получения наслаждения. А нам надо подавлять эгоизм ради слияния с Творцом, т.е. ради свойства отдачи. Но я по своей природе не создан таким, что свойство отдачи для меня является вознаграждением.

Если бы я представлял себе мое следующее состояние, когда я все отдаю и не думаю о себе, а только о других, и люблю всех, а не себя, – если бы я представлял себе такое состояние как вознаграждение, то у меня были бы силы достичь его, подавляя свой эгоизм. Но если я создан только из эгоизма, как же я могу сам его уничтожать? Сам эгоизм мне этого сделать не даст, не позволит. Где же выход?

Рабаш пишет: «Так как подавление эгоизма противоречит нашей природе, всему нашему существу, то мы нуждаемся в группе единомышленников, которая даст нам большую силу для подавления эгоизма, называемого «злом», потому что это желание не дает нам возможности достичь цели, ради которой сотворен человек».

Поставлена определенная цель, я этой цели обязан достичь. Достичь ее я не в состоянии, потому что она противоречит моему эгоизму. Эгоизм мне не позволит сделать к ней ни малейшего шага. Как же мне найти в себе силы достичь этой цели?

Для этого необходима группа единомышленников, объединяющая людей, у которых есть только одно желание – достичь этой цели. В результате этого объединения появляется огромная сила, которая поможет каждому из нас бороться с самим собой, так как маленькая сила каждого из нас сольется с силами всех остальных, произойдет в каждом умножение его личной силы за счет остальных.

И каждый получит такую силу противодействия своему эгоизму, которая позволит ему подавить эгоизм и духовно подняться.

Человек даже не должен пытаться искать силы для духовного изменения, для духовного подъема, в самом себе – это абсолютно невозможно. Именно сам наш эгоизм, наше «зло», наша клипа заставляет нас искать в себе источник этих сил.

На самом деле, человек только после многих исканий, может быть даже через много лет, приходит к состоянию, когда он понимает наконец-то, что в нем самом нет ничего, что помогло бы ему духовно подняться.

А единственно, откуда он может брать энергию для антиэгоистического действия против своей природы, – чтобы подняться над ней в духовный мир, – только от окружающих. То есть он вообще не должен обращаться к самому себе, а только к окружению.

Получается, что у каждого в итоге получится огромное желание достичь цели. Но для того, чтобы это произошло, необходимо чтобы каждый из членов группы подавил себя, принизил свое «Я» относительно остальных.

Благодаря им он сможет усилить свое впечатление о величии цели настолько, что готов будет отказаться от эгоизма, потому что увидит, что эгоизм и цель противоречат друг другу.

Сделать это можно, лишь не замечая недостатки товарища, а наоборот, обращая внимание только на его хорошие качества. Если же один из членов группы считает себя хоть чуть-чуть лучше остальных, то он уже не может по-настоящему объединиться с ними.

Он не сможет передать им свое представление о величии цели и о том, что во имя ее достижения можно отказаться от эгоизма. И он не сможет от них получить их готовность ради достижения Цели распрощаться с эгоизмом.

Во время собраний группы необходимо быть серьезным и не отклоняться от цели, ради которой группа собралась. А целью является (и должно быть всегда) достижение слияния с Творцом.

Другие люди (посторонние), не являющиеся членами группы, не должны знать об этой цели. Поэтому человек не должен выделяться и говорить при встрече с посторонними людьми, не относящимися к этой Цели о том, чем он в своей группе занимается.

У членов группы, которые объединяются друг с другом, должно быть полное подобие желаний и цели. Они должны постоянно выяснять, что все они, как один человек с одной головой и одним сердцем. И каждый должен понимать другого так, чтобы ему было легко принизить себя относительно других и впечатлиться от них величием цели, т.е. величием

Творца, величием слияния с Творцом. Это впечатление должно быть таким большим, чтобы никакой самый большой эгоизм не мог быть помехой, чтобы человек с радостью наступил бы на него ради слияния с Творцом.

Члены группы не должны допускать легкомыслия в своем сердце, потому что легкомыслие разрушает все.

Самая большая ошибка, самый большой вред, который человек может нанести группе – это принести в нее легкомыслие, т.е. пренебрежительное или легковесное отношение к цели. Легкомыслие не означает рассказать какой-то анекдот или веселую шутку, поднять настроение товарищу. Легкомыслием даже не называется рассказ о чем-то, происходящем в мире. Легкомыслием называется легкая мысль о Цели творения, когда я начинаю представлять себе Цель творения не столь важной, как надо, когда относительно нее у меня возникает пренебрежение. Такое отношение разрушает все.

Но если кто-то из посторонних случайно попал на собрание группы, нельзя показывать отличие этой группы от других.

Группа обязана перестать быть серьезной. Они должны сразу же начать говорить на уровне этого незваного гостя, т.е. ни в коем случае не раскрывать перед ним своих целей, своего понимания величия цели, потому что он, не находясь в этом ощущении величия цели, привнесет в нее свое легкомыслие, предубеждение, пренебрежение, и это передастся всем остальным.

Мы должны бояться присутствия в группе посторонних. Посторонним в группе могу быть и я, занимающийся и находящийся в ней уже давно, если мое сегодняшнее отношение к группе и к собранию группы эквивалентно отношению постороннего, т.е. мои сегодняшние мысли – пренебрежительны.

Поэтому каждый из нас должен сначала осознать, что сам он двигаться к цели не может, потому что движение к цели может быть только посредством подавления эгоизма, отталкивания от него вверх. Для того чтобы подняться над эгоизмом, надо представить себе, что выше него находится что-то более привлекательное, чем он.

У человека изначально этого нет, эгоизм притягивает человека больше, чем все остальное. Значит, мне надо иметь силу притяжения к цели, к Творцу, большую, чем силу притяжения к эгоизму, чтобы я почувствовал, насколько они противоположны. И когда я осознаю это, я должен обратиться к группе, чтобы она помогла мне обрести силу отторжения от эгоизма и притяжения к Творцу.

Если я отношусь к группе так, чтобы получить от нее эту силу, значит, я ощущаю, что группа мне может что-то дать, т.е. она выше меня, лучше меня, совершенней меня. Тогда я принижаю себя перед группой: я должен увидеть их по сравнению с собой, как больших, как исправленных и хороших. Я должен обратиться к ним, найти в себе любовь к ним, потому что от любимых мы получаем наслаждение, желаем быть ближе к ним. И тогда я смогу воспринять ощущение важности цели от всей группы. Я смогу приподняться над своим эгоизмом, отдать свое ощущение величия цели обратно группе и подняться ближе к Творцу.

И вот так постоянная, повседневная работа над собой с помощью группы приводит человека к тому, что у него возникают силы подниматься все выше и выше, отталкиваться все больше и больше от эгоизма и приподниматься вверх. Только в мере получения силы от группы человек может подниматься по ступеням духовной лестницы.

А после перехода махсома группа как будто уже и не нужна? Движение с помощью группы не кончается в нашем мире во время подготовки, т.е. в двойном и одиночном скрытии: после перехода махсома группа и учитель необходимы еще больше. Затем человек начинает уже и в действии сливаться с остальными душами, принимать их страдания, как свои, а потом получать в их келим ощущение Творца, слияние с Творцом, и достигает всеобщей любви.

• ***Вопрос:*** *В статье говорится, что для того, чтобы получить дополнительное желание, надо оправдать товарища. Как я могу его оправдать, если я вижу, что товарищ во время урока спит, потом куда-то вышел, поел булочек и опять пришел на двадцать минут на урок. Мне специально показывают такое состояние, я должен его оправдывать?*

Если я вижу товарища в падении, в плохом состоянии, я должен его оправдать. Я должен сказать себе: «Если бы у меня было такое падение, то я бы поступал так же – как минимум. А мои падения всегда меньше, чем его, и все равно я тоже, бывает, так поступаю». Таким образом, я должен его оправдывать до тех пор, пока считаю своим товарищем.

Если же мы все приходим к выводу, что он уже не товарищ, то должны поступить иначе: т.е. решить, что он не товарищ, отключиться от него, вывести его за пределы нашего общества. Но если он еще находится внутри, и я считаю его товарищем, я обязан себя перед ним принизить, искать всевозможные оправдания для него и всевозможные убеждения для себя, чтобы оправдать и поставить его выше себя.

Но когда я объективно вижу, что его поведение совершенно не соответствует уставу, т.е. тому, что каждый должен давать группе, тогда я, посоветовавшись с группой, должен вместе с ней решить, что с этим товарищем делать. А до тех пор, пока мы не решили, я обязан относиться к нему, как ко всем остальным: и принижать себя, и пытаться от него получить возвышение цели, несмотря на то, как он себя ведет.

Допустим, я относительно этого товарища не могу получить возвышение цели, потому что он сейчас не генерирует ее, не выдает эту энергию. Но я могу относительно него получить возможность принизить себя перед ним, что тоже является одной из двух составляющих движения вперед.

Для меня нет большой проблемы принизить себя перед тем, кто выше, находится в возбуждении, все время учится и участвует в любой работе. Я вижу объективно, что это так. А перед тем, кто на самом деле упал, не в состоянии заниматься, не в состоянии всем показывать, как велика для него цель, – если я все-таки смогу найти ему оправдание, тогда действительно я себя принижаю.

Работа по принижению происходит именно относительно вот таких товарищей, которые находятся в состоянии падения. А работа по возвышению цели – это поиск того, кто находится в таком состоянии, что может сказать что-то вдохновляющее, может показать хороший пример, каким-то образом выразить свое устремление. Или я просто вижу, как везде работают, участвуют во всем, и я проникаюсь их важностью.

Я вижу в товарище два состояния. Мне специально дают увидеть эти два состояния, причем такие, что я могу критиковать и его состояния подъема, и его состояния падения. Я могу все раскритиковать или, наоборот, я могу одобрить то или иное состояние, любить товарища в этих состояниях и выиграть от обоих его состояний.

- ***Вопрос:*** *Почему пренебрежение и насмешка незваного гостя впитывается легче и проще, чем важность цели от товарища?*

Все, что идет на пользу эгоизму принимается автоматически, мы для этого не должны прикладывать никаких усилий. Поэтому если даже кто-то на улице скажет что-то против Цели творения, внутри себя я с ним как бы соглашаюсь, потому что мгновенно подпадаю под влияние его эгоизма. Когда я нахожусь вне группы, я могу насмехаться даже над собой, находящимся в группе, настолько я могу быть под влиянием окружающих меня посторонних людей, потому что это идет на пользу эгоизма, против этого не надо делать никаких усилий.

Отсюда вывод: если я нахожусь вне группы, я должен быть внешне, абсолютно как все остальные, и полностью скрытым от них. Ни в коем случае не нужно ничего выражать и ни на что отвечать, когда меня спрашивают. Так же как о том, что у меня в семье я не говорю об этом, это мое личное дело, вы туда не лезьте, это моя душа. Все. Я могу вам показать свой галстук, а сердце – нет. Вот и все, в таком грубом и простом смысле слова: «Это не ваше дело, мое личное».

- ***Вопрос:*** *Как связывать то, что я должен искать во всем единую управляющую силу и оправдывать, возвышать товарища?*

Мой поиск Творца реализуется в моем эгоистическом желании, которое должно получить исправление. И в исправленном эгоистическом желании, которое будет уже не эгоистическим, а с альтруистическим намерением, ощутится Творец, потому что само это желание получит форму Творца.

Исходя из этого, я должен работать в двух направлениях: свой эгоизм, т.е. эгоистическое желание с намерением ради себя, подавлять, а с намерением на отдачу – возвышать. Отсюда исходят наши два совершено противоположные отношения к группе и к себе, два вида работы – подавление одного и возвышение другого. Потому что мы работаем внутри одного и того же желания насладиться, только с двумя противоположными намерениями: ради себя или на отдачу, ради Творца.

- ***Вопрос:*** *Всегда ли я должен подавлять себя?*

Нет, не всегда. Подавлять себя я должен тогда, когда я занимаюсь этим сознательно. А вторая часть работы, когда я не подавляю себя, а, возвышая других, стараюсь прильнуть к ним, должна исходить не из чувства своего подавления, а из чувства близости к ним.

Таким образом, наша предварительная работа, хотя еще и подготовительная и не проходит в сфирот, но она подобна им: я подавляю Малхут и приближаю себя, льну к Кетер. И эти два моих движения вроде бы и не связаны друг с другом, но впоследствии они свяжутся вместе в получении ради отдачи («лекабель аль менат леашпиа»), когда и намерения и желания будут работать вместе, сообща. А пока у меня этого нет, я свои желания подавляю, а намерение ради Творца я культивирую, взращиваю.

- ***Вопрос:*** *Каков критерий поведения группы по отношению к посторонним?*

Мы считаем нашей группой тех, кто присутствует вместе с нами на уроках и на наших совместных собраниях товарищей, т.е. те группы, которые мы знаем, и которые я во время занятий вижу перед собой на экранах: Нью-Йорк, Москва, Кировоград, Одесса, Торонто, Вена, Сан-Франциско, Питер. Всех их я включаю в нашу группу.

Я вижу всех перед собой и, практически, транслирую на всех одновременно: я вижу, как люди сидят, пишут, реагируют на мои слова и т.д. Это все считается нашей группой. Каждый из нас относительно всей мировой группы должен вести такую работу.

Конечно, работа в каждой внутренней группе среди товарищей, находящихся перед тобой – более явная. Но в принципе, надо представлять себе, что это некая общность людей в разных странах, в разных точках мира, у которых есть одна цель и которые принимают одну и ту же методику и реализуют ее.

Другое дело, когда мы собираемся между собой, обычно в субботу. Но в принципе, это общение не обязательно должно быть в одно и то же время. Потому что для подавления своего эгоизма относительно группы и возвышения величия цели, человек не обязан находиться группе, – это работа, которую он проделывает внутри себя. Он может при этом находиться в любом другом месте вне группы. Он наблюдает иногда тут и там за своими товарищами, впечатляется ими, и этого достаточно. Все остальное происходит внутри него.

• ***Вопрос:*** *Если я пойду вслед за своим товарищем, который находится в плохом состоянии, то я упаду, как он, и еще хуже?*

Когда такое может произойти? Если я начну принимать его мысли, если он начнет действовать на меня своим падением.

А если я спущусь к нему в его падение, только внешне принимая его форму, чтобы ему помочь, оставаясь внутри в своем хорошем состоянии, тогда я смогу его вытащить обратно наверх.

Кроме того, если я вижу своего товарища в падении, я не должен проникаться его мыслями в падении. Я должен наоборот укрепить себя в том состоянии, в котором я нахожусь выше него, только оценивать себя при этом, как еще более слабого, понимая, что и у меня это бывает. И он нисколько не хуже и не слабее меня. А наоборот, то, что сейчас с ним происходит – это дальнейшее накопление и проявление того эгоизма, которого раньше в нем не было. Он сейчас в нем возрастает, и человек находится в падении. Это значит, ему свыше прибавляют эгоизм, потому что он в силах его затем исправить.

Не может быть такого состояния у товарища, которого я не смог бы оправдать. Не может – потому что мое кли нисколько не лучше его.

А если я рассуждаю о товарище с духовной высоты, с высоты отдачи, то я всегда смогу поставить себя ниже его, потому что моя духовная высота поможет мне спуститься и понять, что я ниже. В этом нет никаких проблем, вы просто начинаете думать, как это сделать.

В этих двадцати статьях, написанных Рабашем для новых учеников, которых я к нему привел в 1984-1985 гг., описаны все внутренние этапы работы человека в группе.

• ***Вопрос:*** *Как объяснить, что одни товарищи в течение многих лет всегда дают воодушевление, а относительно других всегда надо как бы устранять себя? Почему это не меняется?*

Относительно тех, которые дают воодушевление, не надо особенно себя аннулировать. Ты и так видишь, что они находятся в работе, постоянно действуют. А кто знает, какой у них мотив?

Возможно, их мотивация абсолютно эгоистическая. Он хочет себя хорошо зарекомендовать перед другими, ему надо, чтобы все почувствовали, насколько он необходим группе, насколько он умный, умеющий и т.д. Как любой человек в любом коллективе желает вырваться вперед, но для этого надо тяжело работать – конечно, ничего не дается даром. Чтобы тебя принял и оценил коллектив, надо приложить большие усилия. Может, он ради этого работает, а не ради Творца. Или наоборот, когда человек находится в падении, как мы уже говорили. В принципе, ты можешь оправдать или зачеркнуть, аннулировать что угодно.

Что легче, естественней или труднее для нас? Конечно, когда человек находится в таких внешне активных, возбужденных состояниях, нам легче его оценить как совершающего что-то хорошее, нужное, полезное.

А есть другой, который, может быть, не в состоянии пошевелиться, потому что у него огромнейший эгоизм, природная лень, немножко глуповат, не сразу схватывает учебу, не может активно вмешиваться в учебный процесс и т.д. Мы его оцениваем в итоге по его природным данным? Но он в них не виноват.

Мы не умеем оценивать правильно человека, мы не видим его усилий. Но с другой стороны, это не должно быть оправданием любому лентяю, который просто не прилагает усилий. Лентяем не считается тот, кто медленно работает, слабо понимает, ввиду своих природных свойств. Лентяем считается тот, кто не прилагает нужного количества усилий относительно своих возможностей. А как мы можем это определить? Это проблема.

Нет насилия в духовном. Только в мере необходимости и понимания всего того, что относится к высшему, к исправлению, к духовному, к Творцу, человек устремляется к этому и осознанно начинает требовать от себя. А извне никакие давления не помогут.

Только если вы решаете, что человек демонстративно действует против группы, в этом случае мы должны выводить его за пределы группы: если ты ему указывал, говорил, предупреждал, а его поведение не изменилось. Тогда не остается никакого другого выхода.

А можно это делать и не предупреждая несколько раз. Если ты видишь, что человек не ловит себя на том, что надо меняться, значит, он еще не дорос, не дозрел. Пускай не портит нас и дозревает во внешней группе.

Не бояться сокращать количество людей, но оставлять для них возможность естественного развития.

Цель группы

19.12.2004

В этих статьях объясняется, как создать группу, что необходимо для всех, кто хочет идти путем Бааль Сулама. Этот путь предназначен для тех, кто хочет подняться на уровень «человек» и не оставаться на уровне «животного».

Чем отличается уровень «человек» от уровня «животное»? К уровню «животное» относятся те, которые принадлежат только к природе нашего мира. Поэтому сказано: все подобны животным («кулам ке беемот нидму»), кроме тех, кто помимо свойства Малхут получает свыше свойство Бины, благодаря чему поднимаются с животного уровня на уровень «человек». Свойство Бины внутри нас придает творению, Малхут, подобие Творцу. Адам – человек от слова «доме» – «подобен» (Творцу).

Путь, который позволяет подняться с животного уровня (уровня только одной природы – получать) на уровень второй природы – отдавать, т.е. на уровень подобия Творцу, – этот путь может быть пройден с помощью методики Каббалы.

Чтобы понять, что такое уровень «человек», приведем толкование мудрецов (Талмуд, трактат Брахот) на строки из «Коэлет»: «В заключение всего слушай одно наставление: «Бойся Творца и соблюдай заповеди Его, потому что в этом весь человек».

Так написано в книге «Коэлет» (Экклезиаст). После всех кажущихся разочарований в себе, в Творце и т.д. автор приходит к заключению, что все сводится только к одному: «Бойся Творца и заповеди Его соблюдай». В итоге из этого и вырастает человек.

И спрашивает тогда Талмуд: «Что значит «в этом заключен весь человек»»? Рабби Эльазар поясняет: «Сказал Творец: «Весь мир сотворен только для этого», т.е. для того, чтобы это изначальное животное впоследствии стало человеком. И станет оно человеком с помощью свойства, которое называется «страх», «трепет».

Что такое страх в духовном? Почему именно он является причиной создания мира? Почему он является силой, с помощью которой творение движется вперед к подобию Творцу?

Из высказываний каббалистов известно, что причина создания мира заключается в желании Творца насладить свои творения, дать им возможность ощутить себя счастливыми. А здесь, по словам тех же каббалистов, постигающих все это, выходит, что человек рождается и продвигается из трепета.

Как связать постижение и чувство трепета с тем ощущением счастья, наслаждения, совершенства, которых должен достичь человек? Как могут совмещаться в человеке эти две противоположные категории чувств?

В книге «Матан Тора» (Дарование Торы) Бааль Сулама сказано: «Причина, по которой творения не получают все благо, уготованное для них Творцом, заключается в отличии их свойств от свойств Творца». Творец – дающий благо, а творение – получающее. И существует закон, согласно которому ветви (следствия) несут в себе основные черты корней, от которых они происходят. Так как нашим корнем является Творец, и у Него нет желания получать, то человек, когда он вынужден получать, испытывает чувство стыда.

Для того чтобы исправить это чувство стыда, и создан весь мир.

Вся система, в которой мы находимся, должна привести нас к подобию Творцу. Всё создано в итоге для того, чтобы, с одной стороны, наполнить нас, а с другой – чтобы мы при этом наполнении не ощущали стыда. Нам надо понимать систему, которую создал Творец относительно человека. С одной стороны, мы говорим со стороны Творца относительно человека, о том, почему Он создал именно такую систему. С другой стороны мы говорим о человеке, о том, как он воспринимает эту систему и поднимается к Творцу.

Творцом специально создано чувство стыда, чтобы человек осознал отличие состояния «животное» от состояния «человек», отличие получения от отдачи, свойства творения от свойства Творца. Различие между этими свойствами проявляется в человеке тем чувством, которое мы называем стыдом. То есть мера отличия человека от Творца называется мерой стыда.

А при чем же здесь трепет? Перед чем и почему нам трепетать, чего бояться?

Для того чтобы исправить чувство стыда, создан мир. Слово «олам» (мир) от слова «неэлам»(скрытый), то есть в нашем мире, в нашем сегодняшнем состоянии то, что Творец уготовил для нас, от нас скрыто. Почему скрыто? Для того чтобы человек ощутил страх, трепет перед Творцом.

Какая связь между скрытием Творца и страхом, трепетом перед Ним?

Человек должен бояться использовать свои эгоистические желания, он должен бояться стать эгоистом. Это значит, что человек должен воздерживаться от получения наслаждение, если он хочет получить его для себя. У него должна быть сила преодоления своей страсти. Он обязан достичь состояния, когда получает удовольствие не ради себя, а доставляет наслаждение Творцу. Этим человек становится подобным Творцу и уничтожает ощущение стыда.

Бояться Творца – это значит бояться получить удовольствие ради себя, потому что получение ради себя отдаляет человека от Творца. Поэтому в тот момент, когда человек выполняет какую-либо из заповедей Творца (заповедью называется правильное использование изначально эгоистического желания), он должен иметь в виду, что эта заповедь приведет его к появлению у него возвышенных, чистых мыслей, к тому, что он пожелает отдавать Творцу и тем самым выполнит Его заповеди.

Каким образом можно достичь подобия Творцу в своих действиях?

Сказано в Талмуде, в трактате «Макот», стр. 27 (макот – удары, наказания): «Рабби Хананья бен Акашья сказал: «Захотел Творец очистить Израиль (т.е. очистить от эгоизма стремящихся к Творцу), поэтому дал им Тору и заповеди» (как средство для очищения эгоизма).

Мы собрались здесь, чтобы создать группу, в которой каждый из нас будет стремиться доставить радость Творцу. Но для того чтобы достигнуть этого, мы обязаны сначала научиться доставлять наслаждение человеку, отдавать человеку, то есть мы должны научиться любить ближнего. Только путем подавления своего эгоизма можно прийти к выполнению этой заповеди – любви к ближнему. А это возможно только благодаря страху, когда человек понимает, что если не достигнет этого состояния, то останется «животным» и полностью отрезанным от Творца.

Это значит, что, с одной стороны, необходимо нивелировать себя по отношению к другим членам группы, с другой стороны, человек должен не унижать себя, а, наоборот, возвышать, гордиться тем, что Творец дал ему возможность вступить в такую группу, в которой все ее члены имеют только одну цель – добиться того, чтобы Творец наполнил их.

Ощущение Творца в творении называется раскрытием Шхины (Шхина от слова шохен – помещающийся, наполняющий).

И хотя мы еще не достигли этой цели, у нас есть желание сделать это в настоящий момент, и уже это одно желание – оно очень важно, потому что,

несмотря на то, что мы находимся в начале пути, мы надеемся, что придем к этой возвышенной цели.

Творец дал нам желание и дал условие – создать группу. Он дал нам все возможности, чтобы понять, в чем заключается наш путь. Все остальное зависит от того, каким образом мы можем этот путь реализовать.

Статья была написана Рабашем в 1984 году. Это то время, когда у него начала заниматься группа новых людей, и я попросил его что-то писать к еженедельным групповым собраниям. И Рабаш начал писать. Я попросил его, потому что иначе было невозможно заниматься: не было никакого материала, было непонятно, о чем разговаривать, что делать в течение всего собрания. А от этого очень многое зависело. Важно было не просто провести приятно время или поговорить о том, о чем и раньше говорили. Нужно, чтобы каждое такое собрание отличалось чем-то особым и могло дать какой-то свой результат. Поэтому я его попросил, и Рабаш начал писать.

Видно, насколько эти статьи тяжелые. Одно предложение отрывается от другого, в них не чувствуется внутренней связи, не чувствуется более внятного для нас раскрытия, а ведь это написано только для начинающих.

Как пишет Бааль Сулам, проблема во времени. Тогда приходящие ученики были еще на таком уровне, что просто невозможно было выразить больше. Поэтому сами статьи написаны еще в таком тяжелом стиле. Но, безусловно, внутри статей есть все.

• ***Вопрос:*** *Если бхина Далет производит Первое Сокращение и последующие действия из-за стыда, то зачем нужен трепет?*

Эгоистическое желание насладиться возникло не сразу. Сначала Творец создал просто желание насладиться. Оно называется материалом творения и присутствует в нулевом, первом, втором, третьем, четвертом уровнях авиюта, а также находится в неживой, растительной и животной природе.

Поэтому и в нашем мире, и в высших мирах неживая, животная, растительная природа вся находится под властью света, Творца. В ней нет ощущения бхины Далет (четвертой стадии эгоизма), в которой раскрывается ощущение Хозяина, Дающего, и, естественно, нет ощущение стыда, т.е. отличия от Дающего, ощущение страха остаться прежним – страха не уподобиться Творцу.

Все эти ощущения, называемые человеческими, раскрываются в четвертом, самом грубом эгоистическом уровне. И поэтому никакое иное творение, кроме человека, не должно себя исправлять. Мы не оцениваем эгоизм во всех остальных творениях как зло. И в человеке на нулевом, первом, втором и третьем уровнях (неживом, растительном, животном) мы не оцениваем эгоизм, как что-то плохое. Он не плохой, он никакой – это просто материал.

И только в четвертом эгоистическом уровне возникает вопрос о том, что в нем ощущается. А ощущается отличие от Творца. В чем оно выражается? Как мы называем эти ощущения отличия от Творца?

Если относительно себя мы ощущаем Творца как Дающего, а себя как получающих, то могут быть два ощущения.

Я – получающий, и ощущаю отличие от Него, от Его свойства дающего, и у меня возникает стыд.

Стыд – это следствие ощущения отличия меня от Творца, возникающего в четвертой стадии.

А может возникнуть противоположное стыду желание насладиться, подчинить себе Творца, т.е. клипот – нечистые желания. Они тоже относятся к четвертой стадии развития желания – использование ощущения Творца ради самонаслаждения.

И то, и другое ощущение существует в четвертой стадии в исправленном, нейтральном, или в неисправленном состояниях – но относительно Творца. Если мы говорим об ощущении Творца, значит, мы уже говорим о человеке. Злой, плохой, грешник, праведник, не важно какой, но эти определения появляются при ощущение человеком Творца. С этого момента и далее мы уже говорим только относительно человека.

В мире на сегодняшний день – семь миллиардов людей, и среди них есть такие, кто ощущает точку в сердце, стремление именно к Творцу, стремление, которое проявилось для них действительно, как самое важное. Эти люди находятся на четвертой стадии своего эгоистического развития, и хотя у них еще нет исправленных желаний, они уже ощущают устремление к Творцу. Такие люди и называются «людьми», а все остальные находятся еще на животном уровне. Поэтому часто можно услышать, как остальных людей мы называем животными. Но мы имеем в виду лишь градацию уровня желания: неживой, растительный, животный и человеческий. Это не ругательство и не пренебрежение, а просто оценка того эгоистического желания, которое в данный момент в них присутствует и действует.

Как только у человека появляется отношение к Творцу, желание к Нему, сразу же возникает вопрос – что с этим желанием делать, как его реализовывать? Человек не может идти естественным путем (без знания методики реализации этого желания), потому что естественный путь – это путь эгоизма. А реализация устремления к Творцу – это точка Бины, это часть Творца свыше, это зачаток альтруистического желания, которое невозможно реализовать эгоистически. Но изначально в нас есть только эгоистические мысли, желания, опыт, природа, и поэтому мы не знаем, как поступать с пробуждающимся альтруистическим желанием. У нас внутри не может быть заранее никакой заготовки.

Что же нам остается делать? Ответ на вопрос содержится в книгах каббалистов, которые они для этого написали и дали нам советы. В этом их роль и их обязанность: они дали нам методику развития желания к Творцу, развития точки Бины.

Когда точка Бины начинает работать вместе с точкой Малхут, с нашей природой, тогда и возникают такие оценки состояний человека, как страх. Бааль Сулам пишет, какие виды страха существуют: страх за себя, страх за родных, страх за то, чтобы избежать наказания в этом мире, страх не получить вознаграждение или, наоборот, получать наказания в будущем мире (в аду или в раю) и т.д. Все эти страхи называются животными страхами, они присутствуют в человеке, который находится на животном уровне. Человек еще думает о себе, заботится о своей шкуре, потому эти страхи, направленные на себя, и называются «животными страхами».

Следующий вид страхов – это страхи, направленные на Творца, когда человек начинает бояться и пребывает в трепете, что он не сможет достичь отдачи Творцу. Этот страх уже называется человеческим страхом, страхом уровня «человек», потому что человеком называется стремление быть подобным Творцу («адам доме ле Боре» Боре – Творец, доме – подобен, от этого слова образуется слово адам – человек). Страх этого последнего четвертого вида – продуктивный. Правильно его используя, выделяя его из всех остальных видов страха, трепета, человек начинает действовать.

«Смогу ли я достичь отдачи Творцу?», – в этом страхе тоже есть свои градации. Достичь отдачи Творцу – для чего, почему, как? Есть тысячи решений. Есть 125 ступеней подъема в ощущении страха и трепета, прежде чем человек достигает абсолютной любви, когда на этом страхе и трепете возникает чувство бесконечной отдачи, когда этот страх остается внутри (все остается, ничего не пропадает), но является подложкой, основой, на которой держится все остальное.

Страх, о котором говорит Рабаш, – это самое главное, что мы должны приобрести. В состоянии, в котором мы находимся, наше «животное» не может гнать вперед ничто, кроме страха. Это самая сильная мотивация. «Стимул» по-гречески – это острая палочка, которой колют животное, чтобы оно двигалось вперед. Этот стимул таким и должен быть у нас – в виде страха, а на нем уже держится все остальное.

Страх хорош для того, чтобы захотеть двинуться вперед. А затем надо выяснять, какой именно страх заставляет нас двигаться. Чтобы выяснять все виды и аспекты страха, мотивы и стимулы движения, для этого уже нужна группа, в которой человек должен все отрабатывать. Если человек хочет двигаться не просто из животного страха, а какими-то другими побуждениями, то он не найдет внутри себя возможности обработать все эти данные, для этого ему и нужна группа. Только в группе человек может найти правильные стимулы, потому что увидит, до какой степени он – эгоист, которому совершенно наплевать на всех. И у него возникнут уже страхи другого типа – от того, насколько он действительно далек от свойства отдачи. Отработка всех этих этапов возможна только в группе.

• ***Вопрос:*** *Сказано, что хотел Творец удостоить Израиль, и потому преумножил для них Тору и заповеди. Что значит «преумножил»?*

Творец пожелал очистить Исраэль, т.е. устремляющихся к Творцу. Исраэль – это творение, в котором, кроме Малхут, существует еще точка Бины. Биной называется устремляющийся к Творцу (исра Эль – «прямо к Творцу»). Если в ком-то существует эта точка, он называется «Исраэль» – направленный к Творцу.

Такого человека, такое создание, в котором существуют Малхут и Бина вместе, надо тянуть вперед и подталкивать сзади. Каким образом это делается? Точка Бины находится внутри эгоизма, в плену эгоизма, в плену Малхут. Для того чтобы точка Бины начала властвовать над Малхут, надо придать Малхут экран, т.е. очистить ее от эгоистического намерения.

Нужно убрать не желание, а эгоистическое намерение, и поменять его на альтруистическое, чтобы

Бина (желание отдавать) властвовала над Малхут и управляла ею. Это называется очищением творения, очищением Исраэль, очищением Малхут. Каким образом это делается? С помощью Торы и заповедей, которые Творец дал им (народу Израиля).

У тебя возникает вопрос: «Почему в тексте употребляется «преумножил им Тору и заповеди»? Надо было сказать: «дал им, вручил», как сказано в других местах. А здесь употребляется именно слово «преумножил». Как бы умножил Тору и заповеди для них, как будто для других тоже есть Тора и заповеди? И Тора, и заповеди есть для всех – для неживой, растительной и животной природы. Торой и заповедями называются законы природы и всего мироздания – все, что мы изучаем на неживом, биологическом, животном, психологическом, общественном уровнях.

Вся природа действует по определенным законам, которые исходят из законов противостояния света и желания (ор и кли), созданных Творцом. Отсюда происходят все законы природы (в том числе и земной природы этого мира) на всех уровнях. Вместе эти законы называются Торой, а каждый из них называется заповедью, желанием Творца, действием света.

Поэтому надо сказать, что те, которые еще не получили в себе точку Бины, выполняют автоматически все законы Творца. А для тех, кто получил точку Творца, Бину, и начинают ее развивать, открываются дополнительные Тора и заповеди.

Что значит «дополнительные»? Это значит, что для них раскрываются законы, которые они могут выполнять или не выполнять, исходя из своих желаний, своих решений. В этом для них раскрывается дополнительная часть мироздания. Хочешь добровольно быть подобным Творцу, выполнять Его законы? Пожалуйста, тебе дается возможность.

Есть законы, о выполнении которых тебя не спрашивают. А есть законы в мироздании (их 613), относительно которых тебе дается возможность добровольно прийти к их выполнению. Именно в объеме выполнения этих законов ты и называешься человеком. Ты не называешься «человек» во всех остальных, выполняемых тобой законах, где ты совершенно ничего не регламентируешь, ничего не решаешь, там ты на зываешься просто творением (на неживом, растительном или животном уровнях).

И сегодня внутри меня, в моем теле, есть и неживой, и растительный, и животный уровни, на которые у меня нет никаких возможностей влиять. Есть относительное влияние с помощью некоторых внешних воздействий, но я не могу вмешиваться во внутреннее действие программы. Я ничего не знаю о множестве сил, которые на меня влияют, и о том, как я влияю на мир. Каббалисты об этом и не пишут. Они рассказывают нам только о 613 законах, где мы можем выразить свое желание – выполнять их или нет.

Возможно, есть еще миллионы законов, о которых они нам вообще не говорят. Эти законы существуют в мироздании: законы света относительно кли, которое Он создал, или Творца относительно творений. Эти законы нас не касаются, в них мы не можем выразить своего отношения, своей свободы выбора. Надо четко это понимать.

С другой стороны, ты можешь сказать: «Что-то я не понимаю. Насколько мне известно, кли, вся Малхут, разбилась, смешалась с Биной и сейчас себя исправляет на «ради Творца». Или есть еще какие-то уровни Малхут, которые не прошли разбиения, не включились в этот процесс, не подвластны, еще не осознаны, не раскрыты для нас в этом процессе? ТЭС не говорит о них?» Как тебе сказать? Поживем, увидим. «Есть многое на свете, друг Горацио...»

• ***Вопрос:*** *Что значит: «Гордиться тем, что Творец дал нам возможность»?*

Эта гордость должна быть не на счету моего эгоизма и каких-то моих особых свойств, а за счет того, что Творец дал мне возможность производить определенные действия для уподобления Ему. То есть гордость должна быть на счету Творца. Нужно гордиться Им, гордиться той точкой, которую Он поместил в меня, чтобы она была во мне важнее всего остального. Гордиться – значит возносить что-то относительно всего остального. Что я возношу? Ту точку Творца, которую Он мне дал относительно всей остальной природы. Если я так делаю, я делаю правильно. Это дает мне силы и стимул, чтобы двигаться не за счет подталкивающих сзади страданий, а устремлением вперед и возвеличиванием этой точки.

Гордость происходит от Кетер, а страх – от Малхут. И лучше, конечно, устремляться вперед с положительной силой.

Любовь к товарищам

20.12.2004

Выясним теперь несколько вопросов связанных с понятием «любовь к товарищам»:

Необходимость любви к товарищам.

Почему я выбрал именно этих товарищей? Почему товарищи выбрали меня?

Должен ли каждый из товарищей открыто проявлять свои чувства по отношению к остальным членам группы или достаточно того, чтобы он любил их в сердце, не проявляя этого внешне, оставаясь скромным (как из вестно, скромность очень важна)?

У человека существует множество мыслей и оправданий относительно того, как себя вести, на каждое свое решение он может найти массу подтверждающих мыслей, оснований, и всегда будет как бы прав. Вопрос не в том, как быть правым, а в том, как быть на правильном пути. Оправдать можно все.

Скажем иначе: если человек проявляет имеющуюся в его сердце любовь к товарищам открыто, то проявление этого чувства может пробудить сердца товарищей, и они тоже ощутят это же чувство. В результате, чувства каждого члена группы будут складываться, причем то общее чувство, которое возникнет, будет значительно больше, чем просто арифметическая сумма их совместных чувств, отношений между собой.

Получается, что каждый из членов группы, если она состоит, например, из десяти человек, получит чувство в десять раз сильнее, потому что оно будет

состоять из десяти чувств его товарищей, так как все десять человек понимают необходимость любви к товарищу. Если же члены группы не проявляют открыто свои чувства, то у каждого из них не хватит той коллективной силы, которая присутствует в первом вышеприведенном случае.

Если человек не получит от остальных своих товарищей впечатление о важности любви друг к другу, то у него не будет силы выйти из своего эгоизма (он, конечно, пока еще не может освободиться от него, но может хотя бы начать думать о том, что было бы неплохо от него избавиться).

В таком случае трудно оценить товарища положительно, и каждый думает, что именно он праведник, только он любит своих товарищей, а те не платят ему взаимностью. Получается, что у человека слишком мало сил, для того чтобы он смог достичь любви к ближнему. Из этого следует, что в любви к товарищам необходимо именно явное проявление чувства, а не скромность и умеренность.

Человек должен нарочито проявлять чувства любви к товарищам. У него их еще нет, он хочет эти чувства обрести, он хочет получить от своих товарищей в десять раз больше, чем проявит их – поэтому и проявляет свои чувства.

Эти чувства у него искусственные, но он хочет приобрести вместо них настоящее впечатление от других. Он вкладывает себя против своего желания и взамен получает впечатление от товарищей. Хотя и у них проявление любви к нему будет абсолютно не естественное, а искусственное, но он воспримет это, как их естественные чувства, и таким образом в нем появится впечатление об их якобы настоящих чувствах и появится зависть, что эти чувства у них есть, а у него нет.

Однако всегда нужно напоминать себе о цели существовании группы. В противном случае тело человека постарается затуманить эту цель, потому что всегда его тело заботится лишь о собственной выгоде. Поэтому всегда следует помнить, что целью создания группы является реализация закона «возлюби ближнего своего», что, в свою очередь, является трамплином для достижения любви к Творцу.

Конечная цель является отправной точкой, начинают с мысли: куда я должен дойти, чего я должен достичь.

Конечная цель – достижение подобия Творцу – должна ощущаться и присутствовать в каждом движении человека. Если этого намерения нет в любом самом незначительном действии, значит это действие не находится в направлении к сближению с целью.

Нам надо достичь подобия Творцу, и уже исходя из этого, я должен достичь свойства отдачи. Для того чтобы достичь свойства отдачи, одних моих усилий недостаточно – мне нужна группа. В соответствии с этим, какая мне нужна группа, с какими свойствами, законами, условиями, уставом?

Только конечная цель – единственно она – должна полностью определять любые наши условия, отношения, уставы. Только эта конечная цель. Если мы не знаем, каким образом себя вести, значит, в наших действиях и замыслах отсутствует конечная цель, мы не понимаем ее. Только она должна быть началом и концом любого нашего маленького действия.

Группа нужна человеку для того, чтобы он смог доставить удовольствие товарищам, не требуя ничего взамен (т.е. достичь состояния отдачи), а не для того, чтобы группа помогала ему, наполняя его эгоистические желания. То есть группа является средством достижения подобия Творцу.

Ведь если каждый из членов группы, состоящих в ней, рассчитывает лишь на помощь со стороны других, то такая группа основывается на эгоизме и только увеличивает эгоизм каждого. Человек тогда видит в ней лишь средство для удовлетворения своих материальных потребностей. Поэтому необходимо всегда помнить, что группа должна основываться на любви к ближнему (потому что этой любви, в итоге, мы должны достичь).

Каждый член группы должен получать от нее любовь к ближнему и ненависть к своему эгоизму (это является следствием правильного построения группы). Каждый человек будет видеть, что его товарищ старается подавить свой эгоизм, и это придаст ему дополнительные силы.

Только на примере посторонних, окружающих, мы можем учиться тому, что надо делать. Никаких других побудительных сил, никаких других средств, чтобы возбудить нас к уподоблению Творцу, нет – только пример окружающих.

Человек рождается животным, и только окружающие его воспитывают. Свыше от Творца человек получает лишь голое устремление к Нему, не облаченное ни в какую форму: даже ему самому непонятно, чего он хочет и к чему стремится. А внешнюю форму – чему и как уподобиться – должно дать человеку окружение.

Человек будет видеть, что его товарищ старается подавить свой эгоизм, и это придаст ему дополнительные силы. В таком случае намерения всех товарищей сольются в одно целое. И если в данной группе есть десять человек, то каждый из них получит силы всех десятерых, которые подавляют свой эгоизм и стремятся обрести любовь к ближнему.

А если все члены группы в результате ложной скромности не проявляют своих чувств друг к другу, то усиления их чувств не происходит. Наоборот, постепенно каждый из них теряет желание идти по пути любви к ближнему и возвращается в объятия любви к себе.

Таким образом, условие «возлюби ближнего как самого себя» – необходимое условие для получения высшего света, для получения Торы, оно должно неукоснительно соблюдаться в группе. До тех пор, пока группа не придет к такому условию, в ней не раскроется высший свет. Поэтому вся атака направлена внутрь себя и против себя.

Атака для вхождения в высший мир заключается в том, чтобы показать всем и проявить относительно друг друга то, что я желаю иметь (а не то, что я уже имею) – ту любовь, ту связь между нами, которая существовала бы, будь у меня свойства отдачи, альтруистические келим.

До тех пор, пока группа не сообщит друг другу, не снабдит друг друга такими возбуждениями, побуждениями, такими примерами, до тех пор у каждого из членов группы не будет сил слиться, связаться с другими, не появится общее кли и, естественно, в нем не проявится высший свет.

Как сильно человек должен впечатлиться от группы? Согласно количеству членов группы, как говорит Рабаш в других статьях или Бааль Сулам в статье «Арвут». Если кто-то не добавляет свою часть, значит, этой силы не хватает каждому и всем вместе, и уже не будет того цельного общего кли, в которое может войти высший свет.

Вместо того чтобы обращаться и кричать о чем-то к Творцу, надо обратить внимание на то, кто мы такие. Не приходим ли мы просто заниматься и сидим, заполняя места в учебном зале? Или мы приходим для того, чтобы собрать из себя общее кли, совершить практическое действие, в котором действительно раскроется Творец.

А если мы приходим для того, чтобы послушать красивые слова и немного премудростей из ТЭС, то в результате такой учебы, таких отношений, мы, наоборот, уходим каждый в свой эгоизм, становимся все большими индивидуалистами, делаем всякие расчеты относительно других. И получается, что вместо создания общего кли мы ощущаем себя все более разрозненными.

Нет другого способа выйти в высший мир, кроме как механически соблюсти те условия, которые от нас требуются. Творец не требует, чтобы мы переключились с эгоизма на альтруизм, – это невозможно. Он требует, чтобы каждый из нас сделал то, что в его силах, т.е. показал бы всем остальным, что он готов их любить (не любит, но готов любить) ради достижения духовного. Любить эгоистически – потому что он пока еще находится в эгоизме, но проявить эту готовность к любви относительно других.

Этого будет достаточно для того, чтобы каждый, ощущая проявление искусственной любви к себе, начал бы тоже ощущать необходимость в таком же отношении к остальным – отношении любви. И это называется взаимной гарантией, которую каждый из членов группы дает всем остальным. Это и является гарантией достижения раскрытия Творца.

Арвут – это взаимная гарантия всех членов группы в том, что они обязуются любыми своими усилиями показывать друг другу любовь (пока искусственную). Ведь если бы они уже находились на уровне естественной любви, они бы уже существовали в духовном мире, в отдаче. Любовь – это отдача.

До тех пор, пока группа не будет настроена на такое действие, нельзя сказать, что члены группы делают хоть какой-то шаг вперед на пути к духовному. Они просто занимаются еще совсем предварительной работой, т.е. изучают, понемногу осознают, что же им надо на самом деле сделать, какое практическое и пока еще эгоистическое действие.

Только после того, как они разочаруются в своей учебе, в своих занятиях, в своих «ешивот хаверим», абсолютно во всем, и поймут, что надо показывать друг другу именно проявления искусственной любви, – чтобы побудить этим товарища к такому же чувству и стремлению достичь «арвута» (взаимной гарантии, взаимной поддержки), – только тогда можно говорить о том, что у нас может произойти духовное возвышение – вплоть до раскрытия свойства отдачи и, соответственно этому, внутри свойства отдачи раскрытия света Творца в мере подобия Ему.

Правильное направление на исправление, нахождение этой нужной точки приложения сил, вся концентрация внимания именно на этом и является самым необходимым осознанием того, что человеку надо делать.

Если мы сегодня осознаем, что для достижения цели нам надо выполнять условие любви к товарищам (как абсолютно необходимое и достаточное) и свяжем с этим любое наше духовное действие, т.е. будем заниматься развитием в себе только этого внутреннего движения, то его будет достаточно для реализации всей нашей программы исправления. Потому что нет ничего другого в исправлении человека, кроме любви к Творцу, которая реализуется через любовь к ближнему; потому что эти ближние специально созданы для того, чтобы правильно антиэгоистически устремляться к Творцу.

И кроме достижения любви, т.е. выхода из своего эго и заботы о других, выхода в отдачу («ашпаа»), в свойства Бины, нет больше ничего. Просто это действие называется любовью. Иначе говоря, когда я воспринимаю келим, желания другого, как свои, и работаю на то, чтобы их наполнить, такое действие с моей стороны называется любовью.

Когда мы говорим, что надо достичь отдачи и любви к Творцу, мы под этим должны подразумевать, что отдача и любовь ко всем остальным душам абсолютно равна, эквивалентна, тождественна любви к Творцу.

Там, внутри этого чувства к остальным душам, мы раскрываем любовь к Творцу и ощущаем слияние с

Ним – именно в общем кли, которое мы постигаем, связываясь, сливаясь со всеми его частями с помощью отдачи.

Вернемся к вопросам, заданным в начале статьи.

Необходимость любви к товарищам. Она исходит из того, что я должен достичь любви к Творцу, т.е. подобия Ему.

Почему я выбрал именно этих товарищей? Потому что они устремляюся к Творцу и могут помочь мне достичь этого. Почему они выбрали меня? Они выбирают меня только в том случае, если я также согласен идти вместе с ними к этой цели. То есть у нас есть взаимные обязанности помогать друг другу в реализации нашего желания достичь любви к Творцу через любовь к товарищу, и поэтому мы взаимно выбираем друг друга.

Должен ли каждый из товарищей открыто проявлять свои чувства к остальным членам группы или оставаться скромным? Каждый обязан проявлять свои чувства, но не грубо, не нарочито, а так, чтобы у другого создавалось впечатление их искренности. Это значит, что каждый из товарищей желает такого же отношения к Творцу, желает достичь духовного, и поэтому так проявляет себя относительно меня. Я понимаю, что его показные чувства ко мне являются показателем его желания к Творцу, и тогда они у меня связываются в одно общее движение.

Должен ли каждый знать, чего не хватает любому из товарищей, чтобы знать, чем он может их наполнить, или достаточно в общем заботиться о любви к товарищам?

На это Рабаш не отвечает. На это и мы ответим после того, как выполним предыдущие пункты.

• ***Вопрос:*** *Что важнее – показывать величие Творца товарищам, показывать свою любовь к ним или показывать свою любовь к Творцу?*

Это все одно и то же, потому что это все определяется конечной целью – желанием достичь Творца и уподобиться Ему.

«Достичь» – не совсем подходящее слово, оно путает нас. Что значит достичь? Полететь куда-то, где находится Он, приехать к Нему? Достичь – значит уподобиться, «доехать» к Нему своими свойствами, сблизиться с Ним посредством постепенного изменения своих свойств. Именно это движение во мне и определяет все остальное.

Величие Творца, величие свойства отдачи, величие цели – это и есть величие любви к ближнему, это и есть реализация. Это все абсолютно одно и то же, нет различий. Бааль Сулам говорит об этом в книге «При Хахам» (в письме на стр. 63). Если человеку кажется, что он, его группа, его движение, движение группы, Творец, свойства Творца – это все разделено на части, не складывающиеся вместе, или даже если складывающиеся – но части, – это говорит о том, что он еще не правильно и не в полной мере представляет себе весь этот замысел. Потому что в нем нет никаких частей, это все абсолютно одно и то же: и души, стремящиеся к взаимной любви и поддержке, чтобы достичь цели и Творца, и сам Творец, и любовь, т.е. отдача – это все одно. Ведь мы говорим о самом последнем состоянии, где кли равно свету и находится вместе с ним в абсолютно неразрывном подобии и связи.

• **Вопрос:** *Внешне мы полностью выполняем все требования, о которых пишет Рабаш (полное проявление любви и т.д.), но все равно не хватает какого-то элемента. Чего не хватает группе?*

Вполне возможно, что каждый проявляет, то есть эмани-рует из себя на всех остальных достаточное количество возбуждения, но находится в таком состоянии, что не воспринимает эти возбуждения от других. Вокруг меня в таких состояниях может находиться группа, и все они хотят влиять на меня, а я думаю: «Да, неплохо, хорошо работаете, ребята, продолжайте».

Как же в таком случае я могу впечатлиться величием Творца, величием Цели, величием их желания принизить себя ради Творца, если я не воспринимаю это? Мне необходима большая внутренняя подготовка, разочарование во всем остальном, понимание, что ничего мне больше не поможет.

Единственное, что может помочь – самая страшная операция на себе. Тогда я начну слушать и задумаюсь: «А может быть вокруг меня прекрасная группа, и она делает все необходимое?» Но здесь нужна еще все-таки подготовка со стороны человека, чтобы слышать то, что происходит.

Очень мало людей в группе находятся в состоянии готовности это слышать. Остальные тоже вроде готовы, но на самом деле еще нет полного разочарования, нет желания, намерения, того, что называется «тов ли мути ми хаяй» (т.е. или это, или смерть) – это состояние еще не достигнуто. И потому не слышно, нет должного впечатления от окружающих.

Если бы окружающие действовали, как телевизионная реклама, т.е. в унисон с моим эгоизмом, то было бы все нормально, надо было бы только подыскать, как лучше настроиться на мой эгоизм, согласно моим внутренним качествам, привычкам, воспитанию. Для этого многие рекламные бюро изучают, как лучше подействовать на человека, выясняют – «Что собой представляет население, которому надо выгоднее продать то, что мы хотим». Так они изучают наш эгоизм, определяя, в каком виде он воспринимает наслаждение.

А здесь эгоизм не работает, наоборот я должен получить антиэгоистические впечатления от группы, поэтому группа не может работать против меня, просто как рекламная компания. Она может мне рекламировать все что угодно, но мой эгоизм автоматически это не воспримет. Я должен себя заставить, я должен внутри себя согласиться услышать что-то против своего эго. Я должен пройти отрешение от своего эгоизма и понять, что мне надо любыми путями от него избавляться. И только после того, как я достигаю такого состояния и говорю себе: «Все – ничего другого нет, наверное, действительно только так и надо», только после этого я смогу услышать, что мне говорят товарищи.

Я могу находиться в компании рабби Шимона и его учеников, но я и среди них буду сидеть истуканом и ничего не смогу воспринять, потому что у меня еще нет внутренней готовности. И они, как бы ни хотели, ничего не смогут со мной сделать, потому что я еще не желаю получить эти впечатления.

Я должен внутри себя достичь такого желания, а это приходит через очень большие усилия, жертвы, внутренние крушения, кризисы, разбиения, когда человек достигает полнейшего разочарования в своем эгоизме и согласен поступиться им полностью. И только тогда он готов слушать об антиэгоистических действиях, потому что группа говорит именно об этом.

И только в этом заключается, в принципе, наша работа. Все остальное очень легко, все ступени потом гладко идут одна за другой. Самое главное – вот эта первая ступень. Она действительно самая сложная. Все остальное идет просто автоматически. А самая первая ступень требует годы и годы. Если вообще хватит жизни...

• ***Вопрос:*** *Какими свойствами должны обладать люди, которые приходят в группу?*

Люди, которые собираются в группу, должны быть уже в определенной степени созревшими для того, чтобы идти дальше. Тому, кто не созрел, надо создать такие условия, чтобы он быстро понял, что это еще не для него, пускай уходит обратно в какие-то внешние круги и группы. Не нужно разбавлять группу лишним количеством в ущерб качеству, потому что иначе цель достигнута не будет. Может быть, надо делить группу на несколько подгрупп.

Не имеет значения, что группа такая многослойная, составная, состоящая из многих и различных внешних параметров. Нам важно от каждого члена группы только его устремление к Цели. Все остальное не имеет совершенно никакого значения: ни происхождение, ни характер, ни возраст – ничего. Имеет значение только одно – устремляется ли человек к этой же Цели, понимает ли ее, готов ли ради нее на все.

А все остальное нам дано свыше от Творца. Мы все и во всем разные, мы не должны думать об этой разнице между нами и оценивать ее по каким-то критериям, это неверно. Мне важно только одно – готовы ли я и мои товарищи на все ради достижения Творца? Если да, то мы должны помогать друг другу поскорее понять, что единственный метод достигнуть того, что мы желаем – это построить общее кли. Все. Исходя из этого, каждая группа должна организовывать свою работу и не тешить себя иллюзиями, что оно придет само или после нескольких лет каббалистического стажа или как-то еще.

Возлюби ближнего как себя

21.12.2004

Суть всех первоначальных статей, которые Рабаш писал для группы, сводится к одному: к выяснению необходимости нашего единственного исправления – выйти из своего эго и начать с любовью относиться к другим. Это единственное, что необходимо кли, для того чтобы быть исправленным.

В это правило – «возлюби ближнего как самого себя» – включены все 612 исправлений (желаний, которые человек должен исправить). В трактате «Шаббат», в Талмуде, мудрецы говорят, что с помощью 612 исправлений удостаиваются выполнения

правила «возлюби ближнего как самого себя», а после этого удостаиваются и любви к Творцу.

Мы находимся на самом низком уровне, с которого начинаем подниматься в двойное, затем в одинарное скрытие, проходим махсом и получаем раскрытие Творца. Сначала мы проходим этап раскрытия, называемый «вознаграждение и наказание» (он тоже делится на несколько под ступеней), следующий вид раскрытия называется «любовь к ближнему», и затем – «любовь к Творцу».

Таким образом, мы проходим 612 исправлений эгоизма. Сейчас мы пребываем в состояниях скрытия, этот период называется «зман ахана» (время подготовки).

Но с того момента, когда мы ощутили точку в сердце и начали заниматься Каббалой, мы двигаемся вверх, находясь в состоянии двойного или одинарного скрытия. А когда преодолеваем махсом, начинаем исправлять себя, поднимаясь по ступеням исправления. Этих ступеней – 612, соответственно количеству желаний. Исправляя эти желания, мы поднимаемся на 612 ступеней. Вследствие исправления всех 612 желаний мы входим на ступень 613-го желания – «любовь к Творцу».

Что же нам дает любовь к товарищам? В 5-й статье было сказано, что, поскольку у отдельного человека любовь к ближнему очень слаба, она еще не проявилась, то несколько человек должны объединиться в группу.

Каким образом я могу все время подниматься вверх? Каждый мой подъем вверх со ступеньки на ступень – это все больший и больший выход из своего эгоизма и начало перехода в альтруизм. Что значит «перехода в альтруизм»?

Внутри кли, называемом Адамом (или общей душой), находится моя точка, мое «Я». Если я хочу стать большим общим кли, достичь совершенства и вечности, то я должен присоединить к себе все остальные души. Это и называется возлюбить их – то есть не обращать внимания на людей, которые вокруг меня (я все равно не пойму, что это за души), – а понимать, что внутри них находятся души, те келим, которые соединены со мной. Я должен их правильно присоединить к себе, использовать их, в итоге чего Адам – это и буду я.

Каким образом я могу этого достичь? Что нужно делать по отношению к другому, чтобы подавить эгоизм и отказаться от малейшего своего удовольствия в пользу другого? Если несколько человек, у которых есть желание достичь любви к ближнему, понимают, что необходимо произвести это действие, что единственный способ достичь вечности, наслаждения, совершенства – выйти из ограничений нашего мира, то каким образом я могу не только слышать, но и начинать что-то делать?

Я могу сидеть и слушать об этом десятки лет, и ничего не произойдет во мне. **Во мне это произойдет, только если я войду в группу, где каждый будет подавлять свой эгоизм (по соглашению между нами) относительно другого. И если мы будем показывать друг другу, что мы это делаем, то мы получим силы от всех остальных, произойдет увеличение всех отдельных сил всех членов группы в одну большую силу. И тогда появится возможность выполнения закона «возлюби ближнего».**

Вроде бы получается противоречие. Мудрецы сказали, что для выполнения этого закона нужно выполнить все остальные 612 указаний, а мы видим, что для достижения «любви к ближнему» нужна лишь любовь к товарищам по группе.

Получается, что я вообще оставляю движение по духовным ступеням в этих мирах и занимаюсь только объединением со своими товарищами внутри группы? Мы культивируем любовь между собой, каждый из нас показывает это другому, и таким образом мы впечатляемся друг от друга и идем дальше? Достаточно ли мне этой работы или мне надо заниматься своим возвышением по духовной лестнице относительно Творца?

У нас внутри постоянно возникает какое-то противоречие, двойственность: или работать в группе относительно любви к товарищам, или работать с книжкой и с Творцом, устремляясь к Нему. Мы не видим, каким образом два этих объекта, два поля деятельности соединены вместе.

В окружающей нас жизни мы видим, что у светских людей тоже существует любовь к товарищам, они тоже собираются в различные компании. В чем разница между группой, построенной на принципе любви к ближнему и светской компанией?

Дело в том, что когда люди объединяются в компанию, то они делают это, чтобы улучшить материальное положение друг друга (или поднять друг другу настроение, чем-то заинтересовать, развлечься или с целью оздоровления, если они, допустим, занимаются спортом). **То есть каждый прикидывает, какую выгоду, личную, эгоистическую, он извлечет из того, что находится в этой компании.**

Такая группа основана на принципе эгоистического наполнения, и если человек не получает в ней того, на что рассчитывал, он сожалеет, что вошел в эту группу, и уходит из нее.

Если же в такую группу придет человек и скажет: «Надо заниматься возвеличиванием Творца, уподоблением Творцу, а подобие Ему – это любовь к ближнему», то над ним, естественно, начнут смеяться.

Поэтому надо найти особую группу, в которой люди изначально уже понимают, что движение к духовному – это движение только к альтруизму посредством удаления от эгоизма.

Если каждый из членов группы подавит свой эгоизм по отношению к товарищам, то таким образом у них возникнет единый организм, и маленькие ростки любви к ближнему, которые есть у каждого, объединятся и создадут новую большую силу, причем эта большая сила будет у каждого из членов группы.

В этом и заключается разница между объединением людей в эгоистическое кли и объединением для достижения альтруистического кли.

Если мы объединились, чтобы создать общее предприятие и наполнить каждый себя, то мы вместе, может быть, и зарабатываем больше, чем каждый в отдельности, но, в итоге, мы делим продукт нашего труда.

Это будет выглядеть так: «я» плюс «ты» – общее предприятие, на котором мы получили прибыль. Эту прибыль невозможно было бы получить по отдельности, для этого мы и объединились. Но прибыль мы делим между собой согласно вложению. Допустим, я вложил 1=3 часть, ты вложил 2=3 части, соответственно я беру 1=3 часть от прибыли, а ты берешь 2=3 части. Это касается материального мира.

Духовное же не делится на части. Если есть «я» плюс «ты», и мы в сумме получили одно духовное кли, то получается, что и у меня, и у тебя – у каждого есть это кли, все 100%.

Почему? Откуда у каждого может быть 100%? На чем это основано?

Это основано на том, что сумма у нас получилась не в результате нашего труда, как в материальном, а в сумме мы получили раскрытие Творца в нашем кли. А когда раскрывается Творец – раскрывается свет, и от этого света ты можешь зажечь тысячу свечей, он при этом не уменьшается. То есть, хватает и мне, и тебе, и если нас будут еще миллионы, то хватит еще миллионам и миллионам, – всем хватит духовной прибыли, но каждый получит, естественно, столько, сколько вкладывает.

Если я вложил в это дело 1=3 часть, а друг вложил 2=3 части, то нам не надо делиться: я подготовил свое кли так, что смогу получить только 1=3 часть (это автоматически). Не потому, что друг меня обкрадывает, он меня не обкрадывает, у нас появился общий источник, из которого я смогу получить только согласно своей подготовке в 1=3 часть (насколько я себя вложил). А если мой друг вложил себя на 2=3, значит, получит на 2=3, а если на 100% – значит, получит 100%, я же вложив себя на 10%, получу только 10% (см. рис. ниже).

Вы можете спросить: «Как это ты вложил себя на 10%, вы же достигли любви друг к другу?» В любви друг к другу тоже, естественно, есть градации.

Человек не может сразу вложиться на 100%, но даже если он будет вкладываться понемногу, он начнет чувствовать результаты своего труда.

Главное, что я хочу показать, что источник – общий, и он не уменьшается, если один берет и второй берет.

В нашем мире это сделать никак нельзя, потому что наш мир находится под махсомом. В нем действует другой принцип, в нем Творец не проявляется как вознаграждение, как источник желаемого наслаждения, и поэтому из общей копилки каждый получает свою часть, на величину которой общая копилка уменьшается. А в духовном, если мы достигли определенного состояния, то каждый может черпать согласно подготовленному им кли.

Каким образом человек готовит свое кли, чтобы затем участвовать в получении наполнения от достигнутого?

«Я» плюс «ты» становятся суммой только тогда, когда я делаю себя нулем относительно товарища. Чем больше я смогу приблизить себя к нулю, а товарища подниму на большую ступень, тем легче мое эго относительно товарища превратится в антиэго и станет величиной моего кли. Получается, что мое отношение к товарищу – это и есть характеристика моего духовного кли. Иначе говоря, чем больше я подниму товарища в своих глазах, тем большее кли у меня раскроется, и с этим кли я затем приду и получу. Потому что духовное кли – это кли отдачи, это разница между мной и тобой.

Поэтому «возлюбить ближнего как самого себя» (то есть поставить желание товарища, как самое главное и основное против своих желаний, не принимая их во внимание) – это условие создания в человеке духовного кли (см. рис. выше).

В конце статьи Рабаш говорит, что в этом действии заключается практически вся наша работа. То есть вся Тора, все заповеди сводятся только к одному действию «Возлюби ближнего как самого себя». Это означает любовь, подавление себя относительно возвышения любимого. Разница между тем, как ты поднял желание любимого, чтобы оно стало твоим, и обслуживаешь его, а твое желание при этом становится нулем, не существующим, – разница между вашими желаниями и называется любовью или духовным кли.

Каким должно быть это духовное кли? От нулевого на нашем уровне и до подъема на все 613 ступеней.

На 612 ступенях человек работает, привлекая к себе все остальные келим от Адама, от остальных душ. «Я» (точка в Адаме) присоединяю к себе все остальные души с помощью действия любви, и тогда я становлюсь Адамом. Это 612 моих действий. А 613-е действие происходит относительно Творца, когда я наполняю общее кли, которое у меня появляется (Адам) относительно Творца, т.е. Творец входит в меня и наполняет все это кли. Такое состояние называется миром Бесконечности, слиянием с Творцом, или Гмар Тикун – Полное Исправление не только 612-ти желаний, а еще и 613-го желания относительно Творца (см. рис. выше).

• ***Вопрос:*** *Любовь проявляется между равными. Как я должен делать свою работу относительно другого, если мне говорят: «Ты должен сделать из себя ноль относительно товарища»?*

В этой статье сказано, что если человек представляет себя нулем, а своего товарища единицей, то он возвышает товарища в миллионы, в миллиарды раз, и этим измеряется величина кли, которое человек создает, – величина исправления, которое он над собой производит.

Как же может существовать любовь к товарищу, которого ты возвышаешь над собой, если любовь может быть только между равными? Возвышение над собой происходит относительно желаний (своего и товарища) – в том, что его желание для меня предпочтительнее, чем мое собственное. Это необходимо для того, чтобы я начал его любить, то есть начал бы воспринимать его желания, его душу, как свою.

Кроме того, ведь сказано, что мы должны возвышать своего товарища, что я должен из него сделать самого большого человека в мире. Как же тогда он может оставаться моим товарищем, как я могу достичь с ним взаимной любви и единения в группе?

Все эти отношения между нами строятся относительно наших свойств, относительно различных определений. Они выражаются именно в том, что мы – каждый – возвышаем друг друга, используем желания другого, как свои собственные. Именно благодаря такому отношению друг к другу, когда каждый поднимает другого на высоту Творца (не преувеличивая, на высоту Творца!), только тогда мы достигаем равенства между собой. Почему?

Потому что на уровне нашего мира равенство не достигается. На уровне нашего мира я оцениваю нолем относительно себя. Если я нахожусь на уровне нашего мира, то для меня все – нули, а себя я чувствую на уровне Творца. Так чувствует себя человек, потому что в нем находится вечная частичка Творца, и эта индивидуальность в человеке, его личное эго, проявляется в таком виде.

Когда я начинаю работать вопреки этому состоянию и делаю из себя ноль, а из всех делаю единицу (единица – это мера совершенства: как Творец – один), то таким образом я в своем эгоизме выравниваю оценку себя и остальных (см. рис. выше).

Это только кажется, что я унижаю себя относительно остальных, я на самом деле себя не унижаю, я этим соединяюсь, сливаюсь со всеми остальными душами, которые находятся в Адаме. Просто слияние с ними возможно только когда я подавляю себя, и тогда могу присоединить их. Но при этом я не нивелирую, не стираю себя, я только ставлю себя и их на один уровень и присоединяю их к себе. То есть подъем товарища до уровня огромного праведника, равного Творцу – это всего лишь становление товарища в моих глазах на один со мной уровень. Так мы устроены.

Поэтому такая работа не противоречит товариществу – когда все равны – наоборот, если я безгранично и бесконечно люблю своих товарищей, это и значит, что они мне равны. Мы только этого не чувствуем, потому что так же, как человек готов все сделать ради себя, поскольку любит себя, так же он готов сделать это ради своих товарищей, потому что сейчас он любит их, присоединил их желания к своим, как будто это его личные желания.

- ***Вопрос:*** *Как я должен проверить своих товарищей, прежде чем отменю себя перед ними?*

А мне нечего их проверять, они ни на что не годны, бездельники, лентяи, грешники, ни в коем случае не лучше меня. Что мне их проверять? И так ясно, кто они. Если я буду проверять, то будет еще хуже, я из этого вообще не выберусь.

Ни в коем случае мне не надо никого проверять. Мне надо работать над собой, возвышать товарищей в своих глазах. А что в них возвышать? Только одно – устремление к Творцу. Все остальное в них не имеет значения. Мои товарищи могут быть кем угодно, я же должен возвышать точку Творца в них, ради нее я хочу с ними слиться, мне необходимо только их устремление к Творцу.

- ***Вопрос:*** *Как мне работать с чужими желаниями?*

Тебе совершенно не надо работать с чужими желаниями, тебе надо работать со своими. Когда ты аннулируешь свое желание перед ними, ты автоматически начинаешь ощущать в себе все большее и большее желание, которое приходит от Адама, от всех остальных душ.

Ты не присоединяешь к себе эгоистические желания своих товарищей (этот любит футбол, тот гулять или сидеть в пабе и т.д.). Тебе их эгоистические желания не нужны. Ты стремишься слиться с ними в их устремлении к Творцу. В итоге ты получаешь их внутреннее кли, душу – ее ты присоединяешь к себе. Тебя вдруг начинает распирать, ты начинаешь чувствовать свое кли намного большим. В итоге ты абсорбируешь их в себе, и твое устремление к Творцу, твое ощущение, понимание мира становится большим.

Ты не присоединяешь к себе плохие желания своих товарищей. Их устремление к Творцу работает в тебе таким образом, что твое кли становится огромным, оно становится Адамом, оно поднимается на более высокий уровень. Если ты присоединишь к себе их сегодняшние желания, ты представляешь, куда ты упадешь? Ты и сам еле держишься, а если присоединишь к себе всех остальных, что с тобой будет?

Ты присоединяешь к себе не земные желания товарищей, ты присоединяешь к себе их души, находящиеся на уровне Адама.

- ***Вопрос:*** *За счет чего я присоединяю к себе другие души?*

За счет того, что ты стремишься быть ниже своих товарищей. Их стремление, желание к духовному оценивается тобой как наивысшее, поэтому товарищи в твоих глазах большие.

- ***Вопрос:*** *Как это все работает? Действует ли во время урока Ор Макиф, или я должен совершать какие-то физические действия по отношению к товарищам?*

Как мы должны это делать в жизни?

На самом деле в нашем обиходе мы особенно это проявить не можем. Мы приходим, учимся, производим какие-то совместные действия, в которых ты не можешь себя как-то выразить. Не станешь же ты всем кричать: «Ребята, я вас люблю, поэтому я мою посуду, мою пол или еще что-то делаю в Центре». Нет. Вся эта работа идет внутри нас.

Конечно, надо проявлять любовь к товарищам всеми возможными методами: в основном словами, немножко какой-то внешней заботой. Но, в общем, у нас очень мало возможностей.

Если мы будем к этому готовы, то нам дадут возможности: допустим, вместе жить, вместе работать, в более тесной коммуне как-то проявлять себя относительно друг друга. Если у нас на самом деле появятся такие силы, если это в качестве примера понадобится остальному миру, то есть будет идти в соответствии с развитием остального мира, тогда, очевидно, у нас появятся и физические возможности для проявления наших внутренних побуждений.

- ***Вопрос:*** *Что именно я в себе отменяю?*

Я в себе отменяю личную, собственную, частную заинтересованность. Как мать, которая вся направлена на то, чтобы ребенку было хорошо, но она это делает с точки зрения эгоизма. И мы это пока делаем с точки зрения эгоизма. Но этим я зарабатываю себе кли, присоединяю к себе остальные души.

Сам я не являюсь кли, сам я – только точка, которая может к себе присоединить всех остальных. Присоединять я могу только любовью. Любовью называется абсорбция в себе всех остальных желаний, когда я готов твои желания, твои потребности, твое стремление к Творцу взять себе, чтобы наполнять.

Любовь к товарищам

22.12.2004

«Возлюби ближнего как самого себя». Рабби Акива сказал, что это главный закон Каббалы.

Вообще-то написано: «Это главный закон Торы». Но мы подчеркиваем – «Каббалы». Сказано «Барати ецер ра, барати Тора тав-лин», то есть «Я создал эгоизм и создал Тору для его исправления». То, что мы изучаем для исправления – это и называется «Тора». Но мир воспринимает Тору по-другому. Под занятиями Торой он понимает учебу, выполнение каких-то внешних ритуалов вместо внутренних действий, исправляющих эгоизм. Поэтому мы подчеркиваем, что «возлюби ближнего как самого себя» – это главный закон Каббалы.

На самом деле все очень просто: Творец создал нас эгоистами, а мы должны себя исправить в подобии Ему. Признак нашего исправления в подобии Ему – переход от любви к себе к любви к ближнему. Насколько это нам неприятно и непонятно – не имеет значения. Мир устроен таким образом, что любовь к Творцу или любовь к ближнему (что одно и то же) – переход к этому состоянию – является побудительной причиной всех действий, которые происходят в мире и с нами.

Если мы по этому пути идем как бы вместе с Творцом, согласны с Его творением, согласны с Его действиями, тогда мы воспринимаем все происходящее, как хорошее, доброе, приятное и в соответствии с этим развиваемся. Такой путь развития называется «развитие путем Торы, света».

Если мы не желаем такого развития, не хотим считаться с тем, что мы эгоисты и должны себя исправить (наше исправление заключается в любви к окружающим вместо любви к себе), то несогласие с действиями Творца, с природой, которая постепенно ведет нас к этому, воспринимается нами, как страдания. И такой представляется нам вся наша жизнь.

Чем дальше мы развиваемся, не приходя к согласию с Творцом, тем больше мы испытываем страданий. И тем ярче мы испытаем наслаждение, совершенство, вечность, соглашаясь с Ним. И потому все наше исправление практически заключается в одном: «возлюбить ближнего как самого себя». Невозможно – но эта задача поставлена. То, что невозможно силами человека, станет возможным с помощью Творца. Значит, в силах человека попросить Творца, чтобы Он это исправил. Но как бы то ни было – решение за нами.

Это значит, что, соблюдая правило «возлюбить ближнего», мы соблюдаем все указания Каббалы, которые включены в него.

Окружающая нас природа на самом деле функционирует по правилу «возлюбить ближнего». В нас есть эго, а все, что воздействует на него через все миры – это абсолютный альтруизм. Мы воспринимаем окружающий нас мир, как нехороший, как злой, потому что находимся в противоположной относительно него природе.

Для того чтобы мы полностью слились с окружающим миром, представляя собою одно сплошное течение вечного наслаждения, нам нельзя выделяться в нем. Мы должны исправить себя в подобии окружающему, просто раствориться в нем.

Каким образом это возможно? В наших условиях, внутри себя, мы должны возлюбить ближнего, каждый – всех остальных. Это условие – выражение альтруизма в нашем состоянии.

Каббала говорит нам: «Что Творец требует от тебя? Только того, чтобы ты боялся Его». Получается, что главным требованием к человеку является трепет перед Творцом, т.е. если человек выполняет это указание, то этим он выполняет все требования Каббалы и даже закон «возлюби ближнего своего».

То есть главное – трепет («ира»), а после этого уже следующая ступень – любовь («ахава»).

Тем не менее, согласно словам рабби Акивы, все наоборот, т.е. закон «возлюби ближнего» включает в себя и трепет перед Творцом.

• ***Вопрос:*** *Как можно требовать от человека невероятного – возлюбить ближнего? Где это видано в нашем мире? Абсолютно не реально...*

Я согласен с этими доводами, потому что в данном случае человек исходит из своей природы. Возразить против этого нечего, можно сказать лишь одно: «Представь, что есть среди нас люди, которые находятся в состоянии любви к ближнему. Они ходят вместе с тобой на работу, едут рядом с тобой в автобусе, ты с ними встречаешься в магазине. Разве ты видишь по ним, что они такие? Это же не видно человеку». Многие религии, различные духовные методики призывают к этому.

Откуда мы знаем, кто находится в таком состоянии, а кто нет? Может быть, вокруг нас много таких людей, которые относятся к остальным с любовью? Они никак не проявляют это отношение. Они не должны нас ублажать, они не должны ухаживать за нами, как мать за маленьким ребенком. Но у них такое отношение – их исправленные внутренние свойства находятся на таком уровне. И они живут среди нас.

Поэтому не надо смотреть на этот закон, как на совершенно невыполнимый или как на свойство, с которым невозможно жить в нашем мире. Вполне возможно. И такие люди существуют, хотя внешне по человеку это никак не заметно.

Мы говорим только о том, как внутренне себя исправить, как внутренне себя изменить, чтобы не быть помехой на пути высшего света сквозь нас. Тогда мы начнем ощущать, что находимся в его объеме, что он пронизывает нас, что мы находимся внутри океана высшего света.

Люди, прошедшие состояния клинической смерти, говорят, что видели какой-то далекий свет, устремлялись к нему, что это полное блаженство... Даже невозможно сказать, насколько это ощущение мало по сравнению с тем, что вы сможете почувствовать, когда окажетесь в этом свету, – наяву, без всяких клинических смертей, не за порогом смерти.

Это зависит только от того, насколько будет исправлен ваш первородный эгоизм. Находящиеся в состоянии клинической смерти всего лишь избавляются на мгновения от земного эгоизма и поэтому чувствуют себя в таком состоянии. Всего лишь от земного!

А если мы говорим о том, чтобы избавиться от общего эгоизма и находиться в полном подобии свету – это совершенно другие уровни. И это возможно сейчас, и, возможно, этого достиг ваш сосед, а вы этого не знаете. То есть это абсолютно реальные вещи.

Рабби Эльазар говорит, что трепет является составляющей этого правила – «возлюби ближнего как самого себя». А согласно рабби Акиве все включено в правило «возлюби ближнего».

Однако в других местах Талмуда мудрецы говорят, что главное – это вера, то есть получается, что и трепет перед Творцом, и любовь к ближнему включены в понятие «вера».

Выходит, что кроме этого, есть еще дополнительно как бы нулевая ступень – вера («эмуна»).

Прежде всего, мы должны помнить, что такое Цель творения.

Рабаш выясняет, для чего нам нужны все составляющие. Мы хотим себя исправить, мы хотим находиться в вечном, совершенном состоянии, хотим вознестись над нашей природой? Мы действительно хотим находиться в высшем нормальном состоянии, а не в этом временном? Что нам конкретно для этого необходимо: вера, любовь, трепет, – что?

Прежде всего, необходимо помнить, что такое Цель творения. Известно, что она заключается в том, чтобы насладить создания. Если это так, т.е. если Творец хочет дать своим созданиям всё благо, которое Он приготовил им, то зачем существуют эти три понятия, три условия: вера, трепет перед Творцом, любовь к ближнему. Они нужны только для того, чтобы сделать наши келим пригодными для получения того блага, которое нам приготовил Творец.

Выходит, что все эти три условия подобия Творцу являются необходимыми.

Вера необходима, чтобы мы верили в то, что Целью творения является наслаждение созданий, и в то, что каждый из нас способен достичь этой цели.

Таким образом, понятие «вера» делится на две части: вера в то, что есть конечная цель, и вера в то, что я этой цели могу достичь. Это сейчас не находится в моих руках – ни конечная цель, ни средства ее достижения, но я в это верю. Что значит «верю»? Очевидно, у меня есть к этому какие-то предпосылки: мы не говорим голословно: «Да, верю».

Верой является определенная, явная связь между мной и конечной целью, мной и средствами достижения конечной цели, – связь в виде четко ощущаемой силы. Следовательно, то, что есть у меня в руках, является силой, а не верой в понимании религий нашего мира. В духовном мире верой называется свойство Бины, которая все исправляет, все на себе держит, все творит. Это и есть вообще – свойство веры.

Вера необходима для того, чтобы мы верили в то, что Целью творения является наслаждение созданий, и в то, что каждый из нас способен достичь этой цели. Это значит, что Цели творения могут достигнуть не только особо одаренные люди, а все без исключения создания. И они обязательно должны ее достичь, не имея при этом совершенно никаких особых свойств или талантов.

Но сказано при этом, что сама методика Каббалы усваивается человеком только в мере его трепета перед Творцом. Значит, кроме веры, нам необходим еще трепет (условие «ира»).

Если только у человека есть трепет, тогда все, что необходимо, войдет в его сердце. То есть трепет, а проще говоря, страх, является необходимым условием того, чтобы сердце человека раскрылось для восприятия духовных понятий, которые помогут ему дальше идти вперед. Без страха этого не произойдет.

Получается, что вера дает человеку гарантию в том, что он может достичь цели, и не отчаиваться от первых неудач. Она нужна человеку для того, чтобы он не свернул с середины пути. Человек должен верить, что Творец помогает всем, даже таким ничтожным людям, как он, достичь слияния с Ним.

Но удостоиться веры, обрести связь с Целью – связь со средством достижения Цели, уверенность в том, что Творец поможет и что я в состоянии обрести внутренние духовные ощущения, – я смогу, только если предварительно у меня будет страх.

Чтобы удостоиться веры, сначала нужен трепет. Как сказано в Книге Зоар: «Потому что трепет – это исправление, включающее в себя все исправления, которые требует совершить Каббала, и оно является вратами для веры в Творца. Согласно пробуждению трепета перед Творцом, увеличивается вера в Его управление». Что такое трепет перед Творцом? Человек должен бояться того, что он не сможет доставить радость Творцу (т.е. не сможет уподобиться Ему), а не того, что он сам не получит что-либо (допустим, блага этого мира или будущий мир).

Нам надо произвести такое исправление, которое полностью отделяло бы меня самого от результата моих действий. Я действую, заранее зная, что:

1. результат совершенно не принадлежит мне;
2. результат получает некто, кого я не постигаю, не ощущаю, кто не имеет никакой связи со мной.

Если я в состоянии настолько выйти из своего эго, что могу отдавать полностью всего себя вовне **соблюдать какие-то заповеди (т.е. совершать альтруистические действия) с мыслью, что он делает это не ради собственной выгоды.**

Он не в состоянии этого сделать. Как же каббалисты могут требовать этого от нас? Но у них это каким-то образом получилось. Мы им верим, что возможно такое состояние, когда человек действует не для себя, а вовне, и тогда он вливается в Универсум. У нас этих возможностей нет. Как же они могут появиться?

Существует лишь один выход – собраться нескольким людям, у которых есть маленькая возможность выйти из-под власти эгоизма, вместе в одну группу. Рабаш так и пишет: «Существует лишь один выход, единственная возможность».

Каждый член группы обязан нивелировать себя относительно других. У каждого из членов этой группы есть в потенциале любовь к Творцу. Объединившись в такую группу и подавив свой эгоизм относительно товарищей, они создадут новую сущность. И если, например, в группе есть десять членов, то в этой сущности будет сила в десять раз большая, чем у каждого в отдельности.

Рабаш говорит, что нет иного выхода, кроме как если каждый из нас, находящийся внутри эгоистического мира, аннулирует себя относительно другого члена группы. Не относительно всего человечества, а относительно другого члена группы, у которого также внутри существует определенная предпосылка достичь любви к Творцу. По этому признаку мы и собрались в этой группе.

То есть здесь, внутри нашего мира, есть группа, в которой мы должны себя так вести (см. рис. выше).

Если каждый из нас работает в группе на то, чтобы отрезать себя от эгоизма и устремиться к другим (эта работа происходит внутри человека), то в группе, допустим, из десяти человек, возникает десятикратная сила такого устремления из себя – наружу.

И тогда эта сила поможет каждому из нас. У кого было желание только в одну единицу, в одну человеческую силу, у него (у каждого из нас) появится желание в десять человеческих сил.

Но существует условие: когда эти люди собрались в группу, каждый из них должен думать о том, как подавить свой эгоизм, а не о том, как насытить свои желания получать. Только таким путем он сможет приобрести новое качество – желание отдавать.

То есть условие группы очень простое: каждый из своего эго – наружу. Если такие участники в группе есть, у нее есть надежда достичь выхода в высший мир.

Тогда от любви к товарищам они смогут перейти к любви к Творцу, т.е. человек будет желать доставить радость Творцу. Получается, что желание отдавать очень важно и необходимо, а приобрести его можно только с помощью товарищей. И тогда можно сказать, что человек боится Творца, боится, что не сможет доставить Ему радость.

То есть он переходит уже от веры к трепету, обретает этот трепет, этот страх. Страх чего? Страх того, сможет ли он отдавать Творцу, быть подобным Ему?

Сможет ли быть таким, как окружающее настоящее мироздание, настоящий мир? Ведь даже тот мир, который вне нас, – не такой, каким мы его ощущаем в наших эгоистических желаниях, в нашем понимании: он на самом деле – альтруистический. Смогу ли я выйти в него?

Этот страх появляется только после того, как человек достигает любви к товарищам. Иначе он не может появиться, потому что у нас еще нет таких сомнений: «А смогу ли я выйти в этот внешний мир, а смогу ли я достичь свойства отдачи?».

Страх появляется после того, как внутри группы мы создали это условие, и у каждого из нас появилась удесятеренная сила, т.е. каждый из нас способен выйти за пределы этой группы: все вместе мы представляем сейчас как бы один организм, который желает устремиться вовне. Только тогда появляется у нас этот трепет: «А сможем ли мы этого достичь?»

Раньше достижения состояния любви к группе (т.е. частного выхода из себя относительно группы) мне даже нечего и думать о том, чтобы выйти за пределы группы в окружающий меня внешний мир. Окружающий меня внешний мир в данном случае – это и есть духовный мир.

Итак, фундаментом, на котором можно построить здание святости, является правило «возлюби ближнего», с помощью которого можно получить желание доставлять радость Творцу. После этого возникает понятие «трепет», то есть человек боится, что он не сможет доставить радость Творцу. Затем, когда у человека есть уже врата, которые называются – трепет перед Творцом, он может удостоиться веры

(эта вера – уже свойство Бины). А вера – это кли, в которое может войти Шхина (в свойство Бины уже облачается свет Хохма).

Получается, что есть три правила (как- бы три ступени).

1) Первое из них – это правило рабби Акивы, т.е. «возлюби ближнего как самого себя» (работа в группе). И это является основой основ, т.е. если оно не выполняется, никакая сила не может сдвинуть человека из того положения, в котором он находится, потому что, только выполняя этот закон, человек может перейти от любви к себе к любви к ближнему, т.е. от эгоизма к альтруизму, почувствовать, что любовь к себе вредит ему, как самое большое зло на свете.

Насколько человек пожелает аннулировать себя перед товарищами, в той самой мере он начнет ощущать, что использование эгоизма равносильно тому, что он сует руку в огонь. Он начнет ощущать получение как вред. Перед ним проявится явная картина того, что общий закон мироздания – это отдача.

Относительно него мы находимся в инверсном состоянии, и это наша беда, это наше зло. Если бы мы открыли для себя всю картину, мы бы увидели, насколько получение непосредственно, немедленно причиняет нам вред.

Но если бы мы увидели эту картину явно, мы бы эгоистически захотели избавиться от получения. Таким образом, мы бы обратились в клипу, т.е. захотели бы избавиться от зла ради себя. Мы бы не ушли от зла, а стали бы духовным злом, на уровень выше.

Зло скрыто для того, чтобы помочь человеку на самом деле избавиться от него. Мы должны действовать только верой внутри группы.

Поэтому Рабаш говорит: «**Первое правило рабби Акивы «возлюби ближнего как себя» является основой основ. То есть если оно не выполняется, никакая сила не может сдвинуть человека из эгоизма.**

После того, как достигается любовь в группе, ты начинаешь понимать, что отдача группе, а не получение для себя чего-то из группы, является средством твоего духовного спасения.

2) После этого переходим ко второму правилу – трепета перед Творцом. А можем ли мы на самом деле уже из нашего состояния любви к товарищам выйти теперь к любви к Творцу, т.е. к внешнему миру. Изнутри группы – к внешнему миру.

3) И затем, мы переходим уже к третьему правилу. Когда мы выходим во внешний мир, т.е. отрезаем себя от группы, мы создаем новое кли, которое называется «вера», – свойство отдачи относительно Творца. Это экран, намерение, куда уже входит ощущение Творца, явление Творца. Или, как сказал Рабаш: «Входит сюда Шхина», т.е. проявление Творца в человеке.

Творец облачается в человека, потому что уже нет никакого различия между человеком и Творцом. Человек становится интегральной частью Творца, растворяется во всем мироздании. Человек не исчезает, он растворяется своими свойствами, то есть становится таким же вечным и совершенным.

И все это благодаря трем последовательным действиям, которые производят над нашим кли.

Первое действие – любовь в группе, когда человек аннулирует свой частный эгоизм относительно Творца.

Второе действие – когда каждый из членов группы и группа в целом выходят за пределы себя в общее мироздание, в окружающую природу, то есть начинают постигать, что группа является как бы зародышем («убаром») в окружающем пространстве, в Творце.

И третье – после трепета, в мере обретения веры в Творца (вера – это свойство Бины) уже возникает кли для получения раскрытия Творца, света Хохма.

Эти три этапа мы должны пройти на себе. И самый тяжелый из них – первый этап. Нужно просто перебороть себя, пригнуть голову и принять это на себя. Сказано: «Как вол подставляет свою голову под ярмо» – так и нам надо подставить свою голову под необходимость правильного отношения к товарищам, потому что это для меня единственная возможность стать подобным Творцу, выйти во внешнее мироздание.

Творец специально «подсунул» мне этих людей, какими бы они ни казались мне никчемными, неправильными, плохими. Я, может быть, выбрал бы других людей, – но это не имеет значения. Он лучше знает, каким образом в какой среде, относительно кого, каждый из нас должен себя исправить, выйдя из своего эго.

То есть я должен посмотреть на группу как на лабораторию, на полигон, как на учебный участок, где я произвожу свой опыт выхода из себя в огромное внешнее духовное пространство.

• **Вопрос:** *Может ли начальное условие работы в группе являться конечной целью? Как это может быть предварительным условием для работы?*

Любовь к группе, к ближнему, является предварительной ступенью. А ты говоришь: «А что тут предварительного? На этом все и должно заканчиваться». Нет, на этом ничего не должно заканчиваться.

Во-первых, потому что наше общее кли, называемое Адамом, должно быть в полном равновесии с Творцом, то есть мы должны получать от Творца ради отдачи. В каком состоянии? Когда все мы являемся одним целым. К этому надо прийти, в том числе и всему человечеству. Все равно нас к этому приведут.

Мы желаем это сделать сегодня. Есть некая маленькая группа, которая, допустим, называется «Бней Барух» и которая сейчас сама хочет прийти к этому состоянию. Пожалуйста, пусть она приходит сама.

Для этого внутри себя она должна проделать свою работу относительно любви к товарищам. Затем выйти из себя наружу – это второе действие, называемое «трепет». И уже снаружи создать третье действие – это «вера». И прийти к такому же состоянию, только уже относительно Творца. А одновременно с этим она, конечно же, будет играть свою роль относительно остального человечества (см. рис. выше).

Но это естественные три этапа. Если я внутри группы достигаю только любви к товарищам, то я практически заменяю себя остальными. Это помогает мне выйти из своего частного эгоизма, обрести силу, необходимую для выхода из него. Не обязательно иметь десять товарищей, их может быть сто, а может быть двое, это не имеет значения. Если я выхожу из своего эго, этого уже достаточно, чтобы мне начать работать. Но сначала я должен выйти из своего «Я», а потом работать относительно Творца.

Бааль Сулам об этом говорит в статье «К окончанию Книги Зоар». Он говорит, что относительно Творца можно работать только тогда, когда твои желания постоянны, когда твои решения неизменны. Они все уже находятся вне тебя, не направлены внутрь тебя. Поэтому ты должен сначала обеспечить себе эту ступень исправления, когда ты вышел из своего эго относительно другого. Второй выход – уже относительно Творца, т.е. за пределы Адама, за пределы эгоизма.

Почему это рисуется, как будто ты выходишь из целого? Выйди из своего эго и все. Почему ты должен выйти из этого круга? Потому что ты связан со всеми остальными. Отрабатывая себя относительно даже одного своего товарища, ты, в принципе, отрабатываешь себя относительно всего человечества.

О важности товарищей

23.12.2004

Все эти статьи Рабаша посвящены только занятиям в группе: распространению в группе, отношениям в группе, любви в группе и так далее. В принципе, содержание нашей работы очень простое.

Первое – необходимо определить, что является целью. Она должна быть определена точно: цель – это отдача, просто и открыто, без всяких затушевок. Духовное, Творец, сближение и так далее – все эти слова скрывают истинность того, что находится перед нами. Они хороши для начинающих, чтобы не отпугнуть их. А цель – достичь отдачи – обратное тому, что мы имеем сегодня.

И поскольку отдача реализуется только в группе, следовательно, нужна группа, где каждый понимает, что это – необходимость, и вся задача Мироздания состоит в достижении свойства отдачи. Как перед группой идущей в атаку: цель перед ней поставлена, и группа должна достичь этого состояния.

Необходимо налаживать такие отношения, чтобы это могло быть реализовано между членами группы, и тогда группа достигнет состояния «взаимная любовь». Почему необходима взаимная любовь? Потому что она приводит к цели – любви к Творцу.

Между этими состояниями, решениями, определениями существует очень много других всевозможных состояний, пока каждый член группы и вся группа убеждается в том, что это необходимое условие и ничего другого нет, и никуда не деться. Вплоть до того, что даже если бы и было что-то другое, но – «именно этого я хочу сам». То есть постепенно должно прийти понимание того, что это и является совершенством.

Мы можем очень много говорить о науке Каббала. Изучая каббалистические книги, мы можем выяснить из них, что такое учеба:

- для постигающих книга – это инструктор по духовному миру;
- для тех, кто находится в нашем мире, учеба – средство вызвать исправляющий свет.

Это для нас. Мы не постигающие: мы пока еще только желаем стать ими в будущем.

Значит тот, кто учит, для того чтобы понять, что там написано, – тот ничего не поймет, он просто занимается пустяками. Он должен учить только для того, чтобы вызвать на себя исправляющий свет, чтобы этот свет его исправил и привел к отдаче.

Каббала – практическая наука. Мы сейчас из учебы и из нашей работы в группе постепенно извлекаем состояния исправления (1, 2, 3), а затем приступаем к их практической реализации и тогда уже изучаем Каббалу как постигающие.

Среди нас могут находиться оба типа людей: одни – желающие света исправления и занимающиеся еще решением этих своих проблем (1, 2, 3). И есть среди нас такие, которые уже прошли этот путь и находятся в мере своего исправления в ощущении высшего мира. Они учат те же самые книги, что и мы, но внутри себя уже реально ощущают ступени постижения, в действии исправляя свои желания на отдачу и, таким образом, уподобляясь Творцу.

Как бы то ни было, любое приближение к духовному, сближение с Творцом проходит через группу. Более того, вся реализация нашей работы проходит через группу.

Мы изучаем два состояния скрытия: двойное скрытие и одинарное, затем раскрытие одинарное и раскрытие двойное. Между ними махсом. Одинарное раскрытие называется – «вознаграждение и наказание», раскрытие двойное – «любовь». Все четыре стадии, которые мы должны пройти, реализуются внутри группы, включая самую последнюю стадию – достижение абсолютной и полной любви.

Я всегда работаю в связи с другими душами, на этой связи я реализую все свои исправления – не с Творцом, а с ними:

- если я нахожусь в двойном и в одинарном скрытии от Творца, то я реализую себя относительно своих товарищей, через них я воспринимаю скрытие Творца, двойное или одинарное;
- затем вознаграждение и наказание: если я отдаю остальным – я получаю вознаграждение, а если нет – наказание;
- следующее состояние – любовь; она делится на мою личную любовь к Творцу, любовь из страха (так называемая, зависимая любовь) и общую – совершенную любовь (так называемая, независимая любовь). Она так же реализуется относительно всех остальных, как самая последняя, наивысшая любовь – все 100 % моего исправления. Когда это происходит? Когда я присоединяю к себе все остальные души, они становятся моими ке-лим, и я уже из этого общего кли обращаюсь к Творцу.

То есть наше исправление происходит во взаимодействии с окружающими – теми, кто так же, как и я, устремлены к Творцу. Из них мы создаем группу, и внутри нее мы реализуем весь наш путь. Поэтому группа должна быть и у начинающих (таких, как мы), и среди таких, как рабби Шимон с его учениками, – группа, находящаяся на уровне абсолютной святости (святостью называется свойство Бины).

И у них, и у нас невозможно никакое продвижение, если ты один, потому что эта конструкция должна быть полной. Адам – это общая душа, только из нее Творец воспринимает нас, то есть в той мере, в которой я сливаюсь с остальными душами, готов отдавать им, готов связываться с ними.

Я не говорю сейчас обо всем мире: для меня эта группа пока что является представителем всех остальных душ. Есть на эту тему особая статья – как вести себя относительно группы и относительно всего остального человечества. Относительно всего остального человечества – просто доброжелательно-нейтрально. Относительно группы я произвожу все действия, которые хочу отработать относительно Творца.

Творец воспринимает нас только через наше отношение к группе, потому что Он воспринимает Адама, который в нас.

Возникает вопрос: «Как оценить важность товарищей, которые являются членами группы, то есть, как относиться к своим товарищам?».

Например, человек видит, что его товарищ находится на более низкой ступени, и он хочет поучать своего товарища, чтобы тот вел себя лучше, то есть выглядел лучше, чем он есть. Получается, что этот человек уже не может быть его товарищем, потому что видит его в качестве ученика, а не товарища. Если же человек видит, что его товарищ стоит на более высокой ступени и что ему есть чему поучиться у товарища, переняв у него хорошие качества, то он готов принять его уже как рава, а не как своего товарища.

То есть отношения уже не товарищеские – ни в том и ни в другом случае.

И только когда человек видит, что его товарищ находится на одном уровне с ним, тогда они действительно могут стать товарищами и «слиться» друг с другом. Когда мы говорим «товарищи», мы подразумеваем, что они оба находятся в одном положении. Если у них есть сходство взглядов, идей, то они могут решить объединиться, и тогда они вместе могут стремиться к общей цели.

Допустим, есть двое товарищей, чьи идеи схожи. То есть они понимают, в чем заключается их жизнь, пришли к тому, что у них одна и та же цель, они раскрыли друг другу свои планы, свой взгляд на мир, свой взгляд на жизнь и увидели, что они в этом похожи друг на друга. В таком случае из них может уже создаваться группа.

Как это происходит в нашем мире: **есть двое товарищей, чьи идеи схожи, и они ведут вместе какое-то общее прибыльное дело.** Мы тоже ведем прибыльное дело – хотим достичь Цели творения, для нас это выгодно, для нас это прибыль, для нас это – цель.

Если они чувствуют, что их силы равны, тогда все в порядке – они делят прибыль поровну. Но если же один из них чувствует, что он лучше другого, что он приносит больше пользы, то он желает получить и большую часть прибыли в соответствии с этим.

Он ни в коем случае не хочет забрать, украсть у своего товарища – просто он желает получить свою часть по справедливости, в мере вложения. Может быть, даже наоборот: если он вкладывает меньше, то он согласен на то, чтобы получать меньше.

Но все совершенно иначе, если мы говорим о любви между товарищами, когда они объединяются, для того чтобы между ними было полное единство, то есть когда все они должны быть абсолютно равны.

Не может быть никакого расчета, что кто-то сам по себе больше или кто-то меньше, или больше или меньше вкладывает, или должен получить больше или меньше. **Если же они делают вместе какое-либо дело, а результаты не делят поровну, то это не называется единством.**

Здесь мы можем определить, действительно ли мы желаем единую группу и по вкладу, и по потреблению, и по оценке друг друга, и по отношению между нами.

Все, абсолютно все, должно быть поровну – так, что невозможно было бы отличить никаких отдач и получений между товарищами, насколько бы это не казалось разным в их глазах. Один занимается этим, другой – другим, один может работать несколько часов, а другой несколько минут или дней – не важно, кто вкладывает в чем-то больше, кто вкладывает меньше.

Если в группе существует ощущение, что один дает больше, а другой меньше, или что один получает больше, а другой меньше, то в этой группе единства нет, это уже перекос и нарушение единства.

Группа может быть очень сильной, ее члены могут помогать друг другу и достигать огромных, вроде бы, сплоченных действий, но если нет равенства, то эта группа не единая, и значит, она не может относиться к Творцу. В такой группе есть внутренний дисбаланс, который вообще не выводит ее на точку контакта с Творцом.

Когда же речь идет о любви товарищей, то, разумеется, все то, что они приобретут вместе, они и будут делить поровну, и тогда у них возникнет любовь и согласие. То есть никогда ни у кого не должно возникать никаких расчетов, кто больше-меньше делает и кто больше-меньше получает.

Каждый из членов группы должен считать, что он самый незначительный из всех, тогда он сможет внимательнее прислушиваться к мнению остальных. Если же человек считает себя выше других, то он не сможет перенимать что-либо у них, так как в глубине души у него будут мысли, что он все равно знает лучше других. Кроме того, член группы должен относиться к своему товарищу так, как будто тот величайший человек в своем поколении.

И тогда группа будет оказывать на человека благоприятное воздействие, и он будет продвигаться к цели. Почему? Потому что он будет получать впечатление о величии цели от всех, и это будет на него воздействовать максимально, ведь он будет считать, что все, что он слышит от них – является непреко-словной, непререкаемой, абсолютной истиной, рядом с которой ничего другого просто не существует.

Если он подставляет себя под такое воздействие группы, то у него появляются огромные силы, огромная уверенность, абсолютное счастье от того, что он находится среди них, и тогда нет для него ничего сложного в совершении любых действий отдачи. Все зависит только от того, насколько он сможет отменить свой разум и принять решение группы о величии цели, о том, что надо делать в этом мире.

Но как можно считать, что мой товарищ лучше меня, когда я ясно вижу, что, наоборот, я талантливее его, у меня есть лучшие качества, чем у него? Для того чтобы побороть в себе такие мысли, существуют два способа.

Первый: если я уже выбрал товарища, это все: я уже смотрю на него с позиции «веры выше знания».

Если группа уже существует, и Творец меня в эту группу привел, то я должен относиться ко всем, как к посланникам Творца – их Он мне подставляет, с ними я должен работать, я должен принимать их, как самых лучших.

Я должен смотреть на них с позиции «вера выше знания». Насколько бы в моих ощущениях, в моем анализе, в моем понимании психологии человека, они не казались бы мне ущербными (в чем бы то ни было), я должен воспринимать их, как абсолютно исправленных людей – только так.

То есть я вижу одно, но верю, что мой товарищ гораздо лучше, чем мне кажется.

Второй способ более естественный: если я выбрал товарища, то я стараюсь видеть в нем только хорошие черты и не замечаю того, что в нем плохо.

В чем же проблема? Я выбрал или я не выбирал? Как правило, у нас получается так, что мы не выбираем, и тогда мы должны принимать всех, кто идет рядом с нами в направлении к той же цели, как абсолютных праведников, просто самых лучших, какие могут быть на этой земле.

Сказано в «Мишлей»: «Все прегрешения покроет любовь». Ведь, как известно, мы охотно видим недостатки детей соседа и не замечаем эти недостатки у

собственных детей, так как недостатки наших детей скрывает наша любовь к ним.

Даже если мы и видим их, – мы как бы зачеркиваем, стираем это, потому что любовь покрывает недостатки. Если я взгляну на своих детей со стороны – я буду видеть глазами психолога все, но как только я переключаюсь и смотрю на них, как смотрит отец – я не вижу ничего плохого, все только хорошее. Такова природа – человек в себе, в своих родных и близких не видит недостатков (если они ему на самом деле родные и близкие).

И, наоборот, у соседей, у чужих, видит недостатки, потому что это доставляет ему удовольствие: он поднимается в собственных глазах, и происходит его эгоистическое наполнение.

Попробуйте сказать человеку что-нибудь плохое о его детях – он сразу же начнет возражать и рассказывать об их хороших чертах.

Возникает вопрос: «Почему это так?». От своего отца, от Бааль Сулама, я слышал, что в действительности у каждого человека есть хорошие и плохие черты, поэтому и сосед и отец говорят правду и о своих детях, и о детях другого. Но у соседа нет той любви к чужим детям, какая есть у отца, которому глаза застилает любовь, и он хочет видеть только хорошие качества своих детей.

Тем не менее, отец тоже видит правду, хотя и не всю, просто плохие качества своих детей он не замечает, он может согласиться с тем, что они есть, но он все равно не воспринимает их, как плохие – он их любит, и плохие качества тоже, потому что получает от детей удовольствие – от того, что это его дети.

Так вот, любовь к товарищам как раз требует, чтобы мы видели только хорошие качества товарища и не замечали его недостатки, как в собственном ребенке. Естественно, что у каждого из нас полно отрицательных качеств. Нам запрещено видеть эти качества друг в друге. Если мы их видим – значит, мы не любим друг друга. **Поэтому, если ты видишь какой-либо недостаток у товарища, то это значит на самом деле, что этот недостаток не у товарища, а у тебя, то есть в твоей любви к нему, и поэтому ты видишь его плохие качества.**

Потому что плохие качества есть во всех. А в Гмар Тикун есть у людей плохие качества или нет? Кто сказал, что нет? Есть, просто все они покрываются абсолютной любовью. Посторонний человек не становится лучше – ты всегда можешь увидеть в нем, сколько угодно плохого, если сам спустишься с уровня любви. Если поднимешься на уровень любви, будешь видеть в нем только хорошее.

То есть все зависит от получателя, а не от объекта, к которому ты должен относиться с любовью.

То же самое относительно Творца. Можно говорить о Нем, что Он Абсолют, Совершенство и все прочее, а сколько у нас к этому Абсолюту и Совершенству есть претензий, насколько мы Его не любим, мягко говоря? А за что любить-то, если все плохое от Него? В той мере, в которой я недоволен своей жизнью, я ругаю Его, ненавижу Его.

Следовательно, не имеет значения - Творец абсолютен или нет: имеет значение только моя оценка. Это же относится к товарищам, к Нему, ко всему. То есть не надо ждать, пока кто-то исправится или что-то с ним произойдет, нельзя оценивать что-то вне себя, как несовершенное. Если мы видим несовершенное – это говорит только о том, что наши келим, наше отношение к миру, к Творцу, неисправны.

И в первую очередь, мы эти отношения отрабатываем на группе, во взаимном движении друг к другу со стороны каждого относительно его товарищей.

• ***Вопрос:*** *Что тогда означает «равное»? Допустим, я вижу, что мой товарищ не справляется с чем-то или нарушает какое-то правило в группе, это значит, что я его не люблю?*

Хороший вопрос. Если мы говорим только о том, что необходимо любить друг друга, то я должен на любые проблемы с моими товарищами закрывать глаза и говорить, что это просто моя нелюбовь к ним, или есть такие недостатки, которые я все-таки должен видеть?

Вопрос другой: что значит: «должен видеть и должен не видеть? Вижу я или не вижу?

Необходима правильная постановка вопроса: есть группа, в группе есть товарищи, которые устремлены к цели. Цель – отдача. Группа – это люди, которые собрались вместе с желанием достичь этой цели, достичь отдачи, и взяли на себя правило – прийти к взаимной любви, которая ведет к любви к Творцу.

Если эти условия у моих товарищей имеются, то я на все, кроме этого, закрываю глаза. Я могу закрыть глаза на то, что он упал, поднялся, у него есть всевозможные проблемы роста в пределах тех условий, о которых мы с ним договорились, на основании которых существует группа. Мы находимся вместе, мы все проходим переменные состояния, но если все они – в устремлении к нашей общей цели, я люблю, я не замечаю никаких недостатков. Я понимаю, что это не недостатки, что это – раскрытие именно тех неисправленных наших свойств, которые, исправляясь, раскроют еще большую любовь.

Если я вижу, что товарищ упал в слабости – он находится, как бы в пути относительно цели, ползет и вдруг обессилел – тогда я должен его подбодрить, я должен взять его к себе на плечи (он хочет идти туда, просто у него нет сил). Но если он совершенно уходит от нашей цели куда-то в сторону с нашего пути, и его цель – уже не отдача, группа, взаимная любовь, Творец, тогда я не должен смотреть на него всепрощающе. Я, наоборот, должен как можно быстрее избавиться от него. Как можно скорее избавиться от него!

И на этом основании мы должны внимательно смотреть, кто находится в нашей группе.

- ***Вопрос:*** *Как же я могу увидеть, что товарищ «сверлит дырку в лодке», если я не смотрю на его отрицательные качества, а вижу только положительные?*

Мы не можем не видеть отрицательные качества товарища, мы не можем их не видеть. Мы их видим, но они покрываются любовью.

Я не могу не видеть, что мой ребенок неправильно поступает. Я его при этом не поощряю, а оправдываю. Но если он совершает какие-то прегрешения и проступки, то я уже не буду его оправдывать, – я тогда уже приму какие-то особые меры.

К ребенку у нас при этом есть любовь, но мы все равно идем на крайние меры, а к тому человеку, который не находится с нами в одном пути, – откуда может быть любовь? Любовь возникает вследствие того, что мы выбрали одну цель и для ее достижения мы должны любить друг друга. Я не люблю кого-то, потому что мне так хочется, – я должен достичь любви, потому что это необходимо для достижения цели.

Поэтому не может быть естественной любви. Моя любовь является следствием того, что мы с ним вместе идем к одной цели. А как только он к этой цели вместе со мной не идет, сразу же между нами возникает чувство противоположное любви – ненависть.

- ***Вопрос:*** *Какие отношения у меня должны быть с теми, кто находится вне группы?*

Мы должны относиться с любовью, с всепрощением и пониманием только к членам группы, потому что только они составляют для меня то общество, ту душу Адама Ришон, из которой я достигаю цели – отдачи Творцу и слияния с Творцом. Никакие другие люди вне группы не находятся вместе со мной в движении к этой цели, в приближении к ней, и поэтому отношение к ним невозможно назвать отношением любви.

Любовь – это следствие общего понимания цели, желаний, планов – всего, что есть у меня в жизни. Любовь – это следствие подобия свойств, подобия целей. А у меня этого подобия с другими, вне группы, быть не может по определению – они же не стремятся к тому же, поэтому у меня и не может быть к ним отношения с любовью, прощением, оправданием.

• ***Вопрос:*** *Когда мы говорим о любви, имеется в виду какое-то мое внутреннее отношение к товарищу? Если он что-то натворил, он должен нести ответственность, ведь и родители наказывают?*

Любовь не может быть одной только правой линией, она должна быть построена на страхе, на трепете, на взаимной ответственности, и группа должна себя строго держать в этом направлении.

В комментарии на Книгу Зоар Бааль Сулам объясняет, что прежде чем достигается любовь, достигается страх. Страх того, что, не достигнув правильной любви, мы не достигнем цели. Только на таком страхе может базироваться правильная любовь.

• ***Вопрос:*** *В группе существуют законы, если кто-то их нарушает, могу ли я наказывать товарища?*

Обязательно. Не то, что наказывать – тут дело не в наказании, а в исправлении положения, в которое мы вошли. Ведь если кто-то делает плохо, возможно, не он делает плохо – это еще зависит от того, что мы на него неправильно подействовали и не дали ему достаточного впечатления. Так что тут нет осуждения: кто-то плох или кто-то хорош.

Это как в теле – если болит какой-то орган, его лечат, и не относятся к нему, как к чему-то несущественному. Наоборот, зная, что без него ничего не сделаешь, надо его либо лечить, либо удалять. Вот такое отношение должно быть к каждому – то есть стремление не к наказанию, а к исправлению, если это возможно.

А если товарищ просто потерял цель, тогда его надо быстро удалить из группы. Он считается посторонним, как инородное тело, которое вызывает заражение организма, вплоть до смерти. Такого человека надо тут же выводить из группы. Имеется в виду группа, которая действительно движется к цели и должна об этом думать и заботиться.

- ***Вопрос:*** *Вы говорили, что рабби Шимону тоже нужна была группа. Такой человек, на таком уровне, работает с душами всего Адама Ришон, и в то же время ему нужна группа! Как это объяснить?*

Ты не сможешь понять, что делает рабби Шимон в своей группе, на таком уровне, на котором находится вся эта группа. Но мы видим, что даже рабби Шимон, только благодаря своим ученикам, находясь вместе с ними в союзе, через них смог написать Книгу Зоар. Это не говорит о том, что он без них маленький человек, а вместе с ними большой – это просто говорит о том, что даже великий каббалист не всегда может выразить то, что хочет, если он один. Он обязан это выразить через других, ему нужно для этого кли, чужие свойства.

Но кроме того, это действительно была серьезная группа, если можно сказать «была», потому что такое духовное состояние существует и сейчас, – нет времени в том, что мы определяем «группой рабби Шимона». Хотя они находятся в Гмар Тикун, там тоже существует продолжение ступеней всеобщей любви, потому что все человечество еще не находится в Гмар Тикун. Оно должно к нему прийти, а пока не придет, есть работа у всех каббалистов, даже самых великих, которые достигли вершины своих ступеней. Но своей самой последней ступени они не достигли, потому что мы находимся еще в промежуточном состоянии, а есть люди, которые еще находятся в самом низком состоянии.

Только после того, как все души, одновременно живя в этом мире, будут на практике постигать самый высший мир, самую высшую ступень, только тогда можно будет говорить о другом состоянии, когда уже не надо будет стремиться к любви. Возникнут другие ступени, которых мы не знаем и не представляем, как осуществляется подъем по ним. Приедем туда – и увидим, что делать дальше.

• ***Вопрос:*** *Непонятно, как можно достичь такого состояния – равенства и важности. Ведь если товарищ мне равен – как он мне может быть важен? Я его вижу каждый день, в разных ситуациях – как можно его возвеличить?*

Как может быть и равен и важен? Он мне важен для достижения цели. Я без него не смогу достичь цели!

А ребенок – чем он важен для родителей? Они без него – никто и ничто. Разве он им что-то дает, приносит какую-то прибыль, кроме ощущения, что это просто дорогое для них существо?

Почему же товарищ становится дорогим для меня существом? Потому что без него я не достигаю самого дорогого в жизни. Он становится для меня сначала средством достижения Творца, а потом я начинаю видеть, что это не средство – что это на самом деле то кли, которое становится подобным Творцу. То есть здесь возникает нечто большее – осознание того, что кли в исправленном виде представляется мне Творцом. О важности товарищей

Порядок собрания группы

26.12.2004

Обязательно должен быть распорядок дня. Например, каждый из членов группы, согласно своим возможностям, должен говорить о важности группы: то есть, какую пользу приносит ему группа, и что он надеется с помощью группы получить чрезвычайно важные в его жизни вещи, которые сам он приобрести никогда не сможет. Поэтому он так и ценит то, что является членом группы.

Это каждый из нас должен хорошо осознать в себе и затем, по определенному расписанию, выдавать наружу остальным. Не потому, что он сейчас находится в состоянии подъема и в зависимости от своего настроения кричит о том, как ему важна группа, как ему важны товарищи. Рабаш пишет очень просто: «Обязательно должен быть распорядок дня, чтобы каждый в свою очередь говорил о важности группы». Вот и все. Никаких таких переживаний, согласно настроению, нет, а все должно происходить по порядку, согласно расписанию на стенке.

Итак, сначала нужно и осознать, и сказать вслух о важности группы, о необходимости ее существования. Если же нужно попросить что-то у кого-нибудь, необходимо следовать двум условиям:

- **первое – у того, у кого я прошу, должно быть то, что я прошу; например, я прошу денег у богатого человека;**
- **второе – у того, кого я прошу, должно быть доброе сердце, то есть желание или готовность мне помочь.**

Поэтому мудрецы (каббалисты) говорят, что сначала нужно возвеличить Творца, а потом уже что-то просить у Него.

И не потому, что сначала надо сказать ему много комплиментов, чтобы ему неудобно было отказать, и только после этого можно у него просить (как у нас принято обращаться к обычному человеку). А потому что, возвеличивая Творца, возвеличивая цель, принося Ему наши благословления и благодарения (если они искренние), мы тем самым подготовим наше кли для получения именно того, что исходит от Него.

Кли, в которое мы можем получить «шефа» (изобилие) от Творца, должно быть подобно Ему, то есть оно должно находиться в таком же состоянии покоя, благости, успокоения, вечности – в состоянии, в котором не ощущается никаких недостатков. Тогда это кли будет находиться в подобии Творцу, свету, и в этой мере Он его наполнит.

Поэтому и говорится, что сначала необходимо благодарение, а потом просьба. Но если я уже решил, что у меня все есть, что мне ничего больше не надо, я благодарю за все Творца, то откуда после этого благодарения возникает просьба? Посмотрим, что об этом говорит Рабаш.

Если человек верит в величие Творца и верит в то, что Он может дать ему все виды удовольствий, и что единственным желанием Его является насладить свои творения, то тогда можно сказать, что человек действительно молится – он верит, что Творец, безусловно, поможет ему.

То есть наша благодарность должна включать в себя и просьбу. Таким образом, благодарность – это состояние и абсолютного спокойствия, благости, и уверенности, надежности, счастья. Оно включает в себя просьбу, оно включает в себя недостаток.

Только этот недостаток не ощущается как недостача, а ощущается как благо, потому что я уверен, что Творец может все сделать для меня, но Он специально сейчас во мне этот недостаток раскрыл, чтобы я просил Его. Поэтому, даже обращаясь к Творцу с просьбой, я нахожусь в совершенстве.

Обращение к Творцу – это для меня самое лучшее, что может быть. К возникающему во мне желанию я отношусь, как к причине обращения к Нему, как к самому хорошему, что только может быть, потому что без этого я бы к Творцу обратиться не мог.

Поэтому раскрытие желаний, всевозможных неисправностей, одно их наличие, становится для меня благом, за одно это я благодарю – не за то, что Он мне что-то потом исправляет и дает – достаточно этого. Потому что если существует вера в то, что Творец мне отвечает, исправляет меня и наполняет, то это совершенство уже должно присутствовать в самой молитве. А если так, то какая же может быть просьба, если я обращаюсь и точно знаю, что я получу положительный ответ?

В нашем мире, если мы точно знаем, что мы получим положительный ответ, у нас возникает пренебрежение к тому, к кому мы обращаемся: как избалованный ребенок знает, что все, что он ни попросит, родители сделают. Он их даже не просит – он требует, командует, ругается, кричит.

Почему же тогда наша уверенность в том, что обращение к Творцу будет абсолютно, стопроцентно удовлетворено, не портит нашего обращения к Нему? Потому что наше обращение включает не просто нашу уверенность в том, что Он нам даст, – оно включает в себя отдачу.

Если бы это было эгоистическим получением, то так бы оно и было – как с избалованным ребенком. Но мое обращение включает в себя отдачу. Это значит, что если я сейчас от Него получу, – а я обязательно получу от Него силы и знания, как действовать, – то на основании полученных сил и знаний я смогу отдавать. Я смогу с помощью этих сил и знаний связываться с остальными душами, помогать в их исправлении.

То есть у меня не возникает при этом к Творцу потребительского отношения и пренебрежения, как в нашем мире: если я уверен в том, что все мои просьбы удовлетворяются, то они уже превращаются из просьб в приказы. Нет – я остаюсь с Творцом в положении получающего, потому что после этого я перехожу на отдачу.

Тот же принцип нужно применить и к группе, то есть с самого начала нужно возвеличить каждого из своих товарищей. Насколько человек будет превозносить группу, настолько он будет и уважать ее.

После этого человек должен «молиться».

Выше мы говорили о подготовке к молитве, ведь все наши молитвы – это просьбы. В Сидуре (в молитвеннике) молитва состоит из двух частей. Первая часть – это благословение, когда мы говорим о величии Творца, о том, что Он создал, для чего Он создал нас и так далее, то есть обо всем положительном, что исходит сверху-вниз. Вторая часть молитвы – это уже просьба о том, чтобы Творец дал нам силы для дальнейшего духовного развития, для действия отдачи.

После того, как человек превозносит Творца и превозносит группу, **после этого он должен «молиться» (то есть наступает вторая часть молитвы – обращение). Что это значит? Каждый из членов группы должен проверить сам себя – сколько сил он прикладывает ради группы. И если каждый из членов группы видит, что у него нет сил работать ради группы, то все должны молиться, чтобы Творец помог нам – всем и каждому – дал силы и желание любить ближнего.**

Вот в этом и заключается самая настоящая молитва, ни о чем другом не надо просить. Как сказано: «Ве аавта ле-раеха камоха – клаль гадоль бе Тора» (Возлюби ближнего как самого себя – это общий закон всей Торы). Думая об этом, точно не ошибешься в том, что ты идешь в правильном направлении – от эгоизма к свойству Творца.

После того, как группа и каждый ее член настраивается на то, чтобы просить Творца об альтруистических силах, об изменении своих свойств с эгоистических на свойства отдачи, **после этого каждый из членов группы должен вести себя согласно трем последним отрывкам из молитвы «Шмона эсре».**

(Эта молитва состоит из восемнадцати частей, в ней есть три первых и три последних благословения). **Это значит, что после того, как человек уже сформулировал свою окончательную просьбу к Творцу** (после этого он как бы расстается, откланивается), **он говорит три последних отрывка, как будто Творец дал ему уже то, что он просил.**

Можно ли говорить эти благословения до того, как ты что-то получил? В молитве, вроде бы, да. Но это же совершенно неверно, какой в этом смысл, и зачем это надо делать, если в жизни это еще не произошло?

Так же мы должны поступать и в группе. То есть после того, как человек проверил себя, выполнил вышеприведенный совет – помолился в группе – он должен думать, что его молитва уже принята Творцом, и что он вместе со своими товарищами стал уже единым организмом.

Что значит получение от Творца того, что я прошу? Это значит реализация того, чего я бы хотел: «я бы хотел быть в свойстве отдачи на одну ступеньку выше». Делай, и это будет.

Как правильно настроить себя к молитве? Для чего и кому эта молитва нужна? Не Творцу ведь. Молитва нужна для того, чтобы организовать правильную связь между мной, группой и Творцом.

Если ты уже «отмолился» во всех предыдущих просьбах, то можешь точно начинать выполнять то, о чем просил, и оно обязательно у тебя будет. Почему? Потому что с твоей стороны сейчас не хватает только кли, которое бы раскрыло все, что существует.

Это существовало и до молитвы, только до молитвы ты не был подготовлен к реализации. «До молитвы» означает – до того, как ты настроил себя на благодарность Творцу, на веру в то, что Он сейчас делает (и сделает!) все, что ты попросишь.

Все эти просьбы не для Творца, а для того чтобы подготовить твое кли. И сейчас, если ты начнешь делать и выполнять, то, естественно, будешь выполнять уже своим заранее сформированным кли, и потому, конечно, получишь.

Со стороны Творца вообще нет никаких изменений. Все, что ты Ему говоришь, нужно для того, чтобы проделать внутри себя эти операции, чтобы получить от Него то, что ты просишь. А у Творца это готово. В итоге своих преобразований ты готовишь себя к тому, чтобы обнаружить, что в тебе это уже существует.

После того, как человек помолился, он должен думать, что его молитва уже принята Творцом, и вместе со своими товарищами он уже стал единым организмом.И так же, как тело хочет, чтобы было хорошо его органам, так же и человек сейчас хочет, чтобы всем его товарищам было хорошо.

Поэтому, после всех этих действий, приходит время веселья и радости от того, что возникла любовь к товарищам. И тогда каждый должен почувствовать, что он счастлив, как будто они сейчас все вместе заработали очень много денег. То есть получили действительно явное продвижение, явное дополнение к тому, что хотели.

А что делают в таком случае? В таком случае устраивают застолье с товарищами, которые ему помогали. Поэтому каждый из членов группы должен устроить застолье, чтобы его товарищи пили и веселились, и поэтому во время собрания нужно быть в приподнятом настроении и веселье.

Есть время Торы, и есть время молитвы. Время Торы есть уровень цельности, совершенства, где нет никаких недостатков, и это называется «правая линия». Тогда как недостаток называется «левая линия», потому что место, где есть недостаток, требует

исправления, и это называется исправлением сосудов. Уровень Торы – это правая линия, то есть место, не требующее исправлений.

Поэтому методика Каббалы называется подарком, а, как известно, подарки дают тем, кого любят. А любят обычно не тех, у кого есть недостатки. Поэтому в правой линии нет места для размышлений об исправлении. То есть когда все достигают наполнения, получили подарок – после этого веселятся. **И во время завершения собрания нужно вести себя согласно трем последним отрывкам из «Шмона эсре», чтобы все почувствовали совершенство и цельность.**

Наша работа должна производиться четко по духовным законам, в соответствии с теми состояниями которые мы должны пройти на каждой ступени, в соответствии с тем, что на каждой ступени, в каждом своем состоянии мы должны по-разному относиться к себе и к товарищам, и к Творцу. И нас ведут. Надо только обращать внимание на то, что нам дают, что в нас возбуждается внутри и снаружи, и в соответствии с этим правильно реагировать. Элементы правильного реагирования мы здесь и отрабатываем.

Какой элемент в этой статье мы должны взять для себя в данный момент? Обязанность все делать по расписанию: плакать по расписанию, смеяться по расписанию, т.е. достигать таких состояний по расписанию. Мы собрались сегодня на собрание группы, и не важно, что у нас нет никакого желания. Начинаем над этим работать, потому что написано, что сегодня собрание группы.

Рабаш нам говорит, что обязательно должен быть распорядок дня, и каждый член группы обязан использовать все свои возможности и говорить о важности группы. Значит, мы начинаем говорить. В итоге наших разговоров, нашего обмена мнениями, в итоге того, что каждый желает внутри себя создать правильную внутреннюю среду и передать ее своим товарищам, и возникает то, что называется молитвой. И мы начинаем благодарить Творца за то, что сделал нас такими и собрал вместе. И мы уверены, что получим от Него все силы, чтобы духовно подняться, т.е. сделать альтруистические движения.

Как только мы действительно это осознаем, мы начинаем одновременно и ощущать, что мы в состоянии делать альтруистические движения, потому что Творец находится в нас. Нам надо только своими обращениями поступенчато раскрывать все эти состояния.

Значит, как только мы ощущаем, что мы в состоянии это раскрыть, – что надо сделать, находясь с товарищами в этом состоянии? Устроить застолье!

• ***Вопрос:*** *Порядок действий написан специально для собрания товарищей или все эти действия я должен делать внутри себя при каждой встрече с товарищами?*

Нет. Рабаш описал порядок собрания группы, который подразумевает, что вначале собираются люди и не имеет значения, находятся они в воодушевлении или нет. Они должны проделать такую работу, чтобы собрание товарищей (Ешиват Хаверим) закончилось на подъеме, когда они все ощущают, что, совершая совместное духовное действие, они получают свыше силы, которые приподнимают их над эгоизмом.

Пускай это будет «ло лишма», пускай начнут этим гордиться, пускай они получат какое-то свое удовлетворение – это не важно. Главное – уверенность в том, что в результате общего усилия группы они достигли того, что вынудили Творца дать им духовную силу – приподнять их над этим миром. Это называется «Ницху ли банай» – «Победили Меня сыновья мои». И это делается именно в группе.

Важность группы

27.12.2004

Известно, что если человек, у которого есть желание идти путем Истины, постоянно находится среди людей, не имеющих к этому никакого отношения и активно противодействующих людям, идущим этим путем, то он постепенно соглашается с их мнением, так как мысли людей, которые тесно общаются между собой, как бы «перемешиваются».

То есть человек, находясь внутри какого-то общества, – желает он или нет, – получает мысли этого общества.

Поэтому нет другого пути у тех, кто желает идти к определенной цели, кроме как создать свою собственную группу с определенными рамками, то есть отдельный коллектив, в котором не было бы людей с идеями, отличными от идей этой группы. Более того, члены этого коллектива должны постоянно напоминать друг другу о цели своей группы, чтобы не следовать мнениям других людей, т. к. природа человека такова, что он тянется за большинством.

Те, кто желают идти к особой цели, обязаны соответственно этой цели создать группу. Поэтому существует много всевозможных партий, различных группировок, больших и маленьких обществ, клубов и так далее, где люди собираются согласно своим целям.

Бывает, что у человека есть несколько целей в жизни, и тогда он переходит из одного коллектива в другой в течение дня или недели. Но он всегда находится в таком коллективе, который ему помогает реализовать свою цель.

Это необходимо, потому что поневоле человек постоянно находится в обществе. А находиться со своей целью в чужом обществе невозможно, потому что тогда его цель изменится под влиянием окружающего общества, имеющего другую цель.

Если такая группа отделит себя от остальных людей, т.е. не будет иметь никакой связи с ними в отношении духовного, и все ее контакты будут ограничены только материальными вопросами, то чужие идеи и мнения не окажут на неё влияния, т.к. в вопросах духовного эта группа не будет иметь никакой связи с посторонними.

Человек должен находиться внутри этого мира, он должен зарабатывать, должен жить в этом мире, но общаться с остальными только в тех вопросах, которые не имеют отношения к духовному. Он должен ограничить себя: духовное – это я и моя группа. Ничего другого наружу не выносить. Выдавать информацию только в ограниченном виде при распространении и только в той мере, в которой это полезно для тех, ради кого он работает, а не свое личное мнение.

Ведь если человек, изучающий Каббалу, находится среди религиозных людей и начинает разговаривать и спорить с ними, то его взгляды сразу смешиваются с их взглядами, и, помимо его воли, подсознательно, их идеи проникают в его сознание – вплоть до того, что человек перестает сознавать, что это не его, а чужие взгляды.

Надо очень аккуратно обращаться с посторонними людьми, контактировать не более того, что необходимо для работы или по каким-то семейным проблемам. А кроме этого – никак и ни в чем.

Человек, идущий путем Истины, должен отделиться от других людей. И для того, чтобы идти таким путем, ему требуются большие усилия, поскольку идти приходится против идей всего мира. Ведь эти идеи у всего мира опираются на знания и получение. Тогда как идеи Каббалы основаны на вере и желании отдавать.

Нас могут обвинять в том, что мы каста, что мы секта, что мы отделяемся, что мы пренебрегаем, – все эти обвинения не имеют значения. Есть указания каббалистов, не выполняя которые мы не сможем направить себя на духовную цель. Духовный мир – это такая цель, которая отделена от всех остальных целей человечества. Соответственно и группа, которая желает достичь этой цели, должна быть отделена абсолютно от всего человечества в том, что касается этой цели. И здесь не может быть никаких уступок.

И если не отделит себя человек от чужих мнений, то забудет о пути истинном, навсегда попадет под власть эгоизма.

И только в такой борьбе против посторонних мыслей, изолируя себя, как в ковчеге Ноаха, он сможет проплыть через всю эту бурю, через весь поток мыслей и желаний человечества, стремящихся его заполонить, и сможет выйти в чистый духовный мир, когда все его мысли будут только на отдачу. Потому что все мысли человечества направлены на получение – исключительно на то, как и каким образом больше получать.

И только в группе, поставившей своей целью достижение любви к ближнему, человек может найти силы для борьбы против идей и мнений всего мира.

В книге Зоар (парашат «Пинхас») сказано, что если человек живет в городе, в котором живут плохие люди, он не сможет заниматься там Каббалой и потому должен поменять место, вырвать себя оттуда и поселиться там, где занимаются Каббалой.

Тора называется «Древо». И сказано мудрецами: «Древо Жизни для тех, кто соблюдает ее». И человек похож на дерево, как сказано: «Человек – дерево плодоносное». А праведные его дела похожи на плоды. Поэтому, когда мы встречаем в тексте просто слово «древо», то это означает бесплодное дерево, то есть никчемное, которое будет срублено. Так и не стремящийся исправить себя человек будет отсечен от этого и от будущего мира.

То есть вся его жизнь практически не дает никаких ощутимых результатов. И поэтому человек должен вырвать себя из места, где находятся грешники – те, которые учат его, как просто прожить в этом мире. Человек должен уйти из места, где он не может заниматься Каббалой и поселиться в месте, где находятся занимающиеся ею. И тогда сможет успешно заниматься.

Книга Зоар сравнивает человека с плодовым деревом, а, как известно, такие деревья страдают от окружающих их сорняков, которые нужно все время выпалывать. Так же и человек, идущий путем Истины, должен отдаляться от такого окружения, от тех людей, которые не следуют этим путем, и должен строго следить за тем, чтобы не попасть под чужое влияние, чтобы сорняки его не загубили.

Это и называется отделением. То есть у человека должны быть только его собственные мысли, относящиеся к отдаче, к желанию отдавать, а не мысли большинства, которые, в конечном счете, сводятся к любви к себе, т.е. к эгоизму, – к тому, каким образом использовать окружающих и весь мир. **И это называется «две власти в человеке»: первая – власть Творца, и вторая – власть самого себя.**

Власть Творца – когда человек устремляется к отдаче, а власть человека – когда он развивает собственный эгоизм.

В Талмуде (трактат «Санедрин», стр. 78) написано: «Сказал рав Иегуда от имени Рава, что Адам был вероотступником, как сказано: «Ивоззвал Творец к Адаму и сказал ему – где ты? Куда склонил ты сердце своё?»

Это означает, что Адам склонился к идолопоклонству. Идолопоклонством называется поклонение собственному эгоизму – нет другого идола у человека, только его собственный эгоизм.

Из сказанного можно сделать вывод, что прегрешение Адама заключалось в нарушении запрета «не

следуйте за сердцами вашими...» Если тобой командует сердце – оно твой идол, за ним ты идешь. **Это и называется идолопоклонством: он склонил свое сердце в другую сторону, в сторону получения.**

Но почему об Адаме сказано, что он склонил сердце к идолопоклонству, нарушил заповедь «не следуйте за сердцами вашими...»? Понятие «служение Творцу» означает, что все действия человека направлены на то, чтобы отдавать. И если Адам служил Творцу для того, чтобы получать, это является посторонней работой, служением другим богам, т.е. идолопоклонством. Ведь мы должны служить Творцу только для того, чтобы отдавать.

А Адам Ришон получил для собственного наслаждения. **В этом и заключается смысл нарушения Его указания «не следуйте за сердцами вашими»: Адам не смог получить плод Древа Познания ради отдачи.** Он не смог получить весь свет, который должен был наполнить эту общую душу, ради отдачи и сделал это, в итоге, ради собственного наслаждения.

Такая ступень называется «сердцем»: если сердце хочет получать только ради собственной пользы, это и называется грехом Древа Познания.

Таким образом, мы видим, какую пользу приносит человеку группа. Только она может создать атмосферу, совершенно отличную от той, в которой находятся все остальные люди, атмосферу, в которой будет возможно совершать действие отдачи.

• ***Вопрос:*** *Должен ли я относиться критически к окружающим меня?*

Самое лучшее – обойтись без критики. Вспомни, как пишет Рабаш о тех людях, которые были когда-то учениками Бааль Сулама. После его смерти они стали намного хуже обычных людей, потому, что раньше они находились под его экраном, а теперь стал раскрываться их авиют. Рабаш в этом письме пишет: «Я не хочу о них много говорить, потому что я тогда буду мысленно связан с ними – даже если я говорю о них отрицательно. Я не хочу, чтобы они находились в моих мыслях».

Когда начинающие приходят в Каббалу, то на первом этапе они все время критикуют остальных. Этого не стоит делать по многим причинам, это не наше дело.

Творец постепенно ведет все человечество, шаг за шагом исправляет каждый слой общества. Мы должны думать только о том, как исправить самих себя. Кроме того, когда думаешь о других, начинаешь их разглядывать, судить, ты этим связываешься с ними, поневоле, взаимообратно усваиваешь их мнение. Не может контакт быть односторонним – с твоей стороны наружу.

Поэтому Каббала запрещает такие вещи. Нет смысла заниматься исправлением, поощрением или порицанием других. Это возможно, только если это надежное дело и приводит к ощутимым результатам, т.е. когда присоединяется к группе много людей или создаются новые, серьезные работающие группы. Кроме этих случаев лучше всего не разговаривать и не думать о посторонних. А если и ведешь какие-то лекции или занятия, то делать это наружу, а не изнутри, как будто это внешний парцуф.

• ***Вопрос:*** *Каким образом я связываюсь с другими?*

Рабаш это объясняет. Допустим, ты, строитель, находишься среди портных и пришел в ресторан покушать, вы сидите вместе, обедаете. Они говорят о своих портняжных работах, а ты, строитель, можешь сидеть рядом с ними, слушать, о чем они говорят, на тебя это не подействует. Ты ничего не понимаешь в их проблемах. Тогда в этом нет ничего страшного.

Но если хоть в чем-то их работа подобна твоей, то в этой мере они могут на тебя влиять, причем они обязательно будут влиять. Человек не может не попадать под влияние другого – даже одного человека, не говоря уже о коллективе.

Поэтому надо стараться, как можно меньше слушать и смотреть туда, откуда могут навязать тебе другие мысли и желания, кроме тех, которые есть у нас в нашем пути. Имеется в виду, в первую очередь, идеология.

Ты можешь полистать книгу о вкусной и здоровой пище или какую-то рекламу, это неважно. А вот если ты будешь слушать о каких-то других целях в отношениях между другими людьми, тут уже возникнет большая проблема, а тем более, если будешь заниматься критикой или, наоборот, сближением, с другими группами. Это совсем не наше дело. То есть группа должна быть относительно замкнутой в себе.

• ***Вопрос:*** *Как я могу попасть под влияния посторонних людей, ведь то, что я имею в группе, намного больше всего, что есть во внешнем мире?*

Человек находится среди большого общества с высокими целями. Творец находится внутри нас, на острие нашей Цели. Человек выходит наружу, и что он там видит? Несчастные маленькие человечки, их много, они копошатся. И он со своими знаниями, со своими стремлениями, все равно, попадает под их власть? Кто они такие по сравнению с ним? Ничтожные муравьи, а он по сравнению с ними Гулливер, и все равно попадает под их влияние?

О чем они думают, кроме того, как побольше заработать и провести приятно время? Ни того, ни другого ему от них совершенно не надо. Но они все равно будут влиять на него? Что у них есть? Пиво, футбол... И он тоже может захотеть пива и футбола? От того, что они просто находятся вокруг него, как дети в детском саду? Да, абсолютно верно. И воспитательница в детском саду подвержена влиянию детей.

Вспомним пример рабби Йоси бен Кисма, который был самым большим мудрецом в своем поколении. Когда ему предложили переехать в другой город для того, чтобы обучать его жителей Торе, он сказал: «Не поеду. У вас там нет мудрецов. Мне не с кем будет объединиться в группу. Я буду там один среди невежд. Они быстро сделают из меня такого же невежду, они спустят меня вниз».

То есть такой человек боялся влияния какой-то толпы. Толпы, которая согласна у него учиться, не против него, а согласна как угодно покориться! Послали к нему гонцов: «Приезжай к нам, все тебе дадим, только хоть немного научи нас». Как он мог отказаться? Он отказался. Потому что, если он поживет среди них, то они его скорее научат, чем он их. А, изменившись, он не сможет их научить.

Поэтому не имеет значения уровень человека (большой или маленький): как правило, если в обществе существуют такие проблемы, как большое количество недостойных, далеких от духовного желания людей, то посылают туда самых больших и сильных мудрецов, а не маленьких, слабых.

Почему же такое слабое общество, все равно, действует на такого сильного человека, как рабби Йоси? Потому что эгоизм человека остается неизменным. И если человек полностью не исправлен (а до Конца Исправления никто не исправлен), то не может быть такого, чтобы на человека невозможно было подействовать.

Даже самая слабая по уровню среда может испортить самого большого праведника, поскольку если где-то внутри у него есть хоть какая-то мельчайшая частичка эгоизма, которая, вообще, полностью скрыта, она начнет возбуждаться.

В каком случае она не возбуждается? Если ее нет. А почему она существует? Потому что против этого праведника находятся сейчас еще не исправленные грешники. Значит, и он соответственно не исправлен, так как у этих внешних грешников есть связь с внутренними грешниками этого праведника.

Если вокруг меня существуют неисправленные люди, значит, их модель существует во мне, она моя, потому что души вкраплены друг в друга. И значит, они могут влиять на меня, потому что они существуют во мне в неисправленном пока состоянии, поскольку снаружи они не исправились.

В Конце Исправления, когда все будет исправлено, мне будет не важно, в каком обществе находиться.

А до тех пор, пока нет Полного Исправления, любое неисправленное общество представляет для меня явную опасность. Потому что существующее снаружи в неисправленном виде имеется внутри.

Вот тебе пример: рабби Йоси – человек, который находился в состоянии личного исправления! И живут вокруг грешные люди, которые даже хотят изучать Тору, хотят исправления! Но нет, он еще не может находиться среди них, поскольку эти грешники существуют в нем. И он не пошел туда. Не пошел обучать людей. Почему? Потому что сам упадет и не сможет их обучить.

• ***Вопрос:*** *Среди изучающих Каббалу есть такие, кто одиноки в своем городе, у них даже нет возможности в течение дня с кем-то связаться. Как им быть?*

Не может быть, чтобы у человека не было возможности заниматься. Такого нет – Творец не дает невыполнимых задач и не ставит невыносимых условий. Как только ты входишь в высший мир, ты видишь, что у тебя всегда, в каждую минуту, в каждую секунду было стопроцентно правильное управление свыше. Тебе не за что никого и ни в чем обвинять, и все всегда зависело только от тебя.

Такое ощущение получает человек, когда входит в высший мир – начало оправдания Творца. Поэтому, когда мне говорят, что человек находится в таких состояниях, где-то далеко и до него ничего не доходит, я с этим не согласен. Я сам был четыре года в отказе.

Все равно можно все найти. Можно жить. Когда я искал Каббалу, тоже было непросто. Где ее можно было найти? Книг практически никаких не было, неизвестно к кому обращаться. После того, что мы сделали на сегодняшний день – интернет, книги, кассеты, видео, аудио – говорить, что у человека нет связи? Это просто глупо.

- ***Вопрос:*** *Если человек живет где-то далеко, какую он может создать связь с остальными?*

Если это одиночка, то, конечно, он должен связываться через кураторов или через секретарей (и я надеюсь, что у вас есть такие системы) и получать своевременную информацию, чтобы чувствовать себя в контакте с группой, ощущать, что он является ее частью.

Если только он стремится к этому, то ему это должно восполнить все остальное. У человека нет никаких причин, чтобы отказаться идти вперед: дескать, у меня такие условия. Нет таких условий. Условия каждому даются, исходя из того, что ему надо в данный момент. А затем его забирают, переносят в другое место, изменяют вокруг него и внутри него обстановку, и так далее.

У Творца есть бесконечное множество различных способов сделать с человеком все что угодно. Поэтому нам надо принимать состояние каждого, как самое оптимальное для того, чтобы сейчас, в данный момент, он решил самое важное для себя. А ведь человек бывает в страшнейших состояниях.

Но мы должны понимать, что в данный момент оно самое лучшее из любых состояний. В это надо верить. Если человек верит, т.е. принимает это добровольно, тогда эта мысль от него не уходит. Тогда в каждом состоянии, каким бы оно ни было, он уже может работать над связью с Творцом.

- **Вопрос:** *Может ли маленькая группа, относительно скрытая от мира, привести человечество к Гмар Тикуну?*

Допустим, взяли маленькую каббалистическую группу, забросили ее на необитаемый остров, и нет у них связи ни с кем. Этого достаточно для того, чтобы достичь Гмар Тикун, потому что каждый человек представляет собой весь мир.

- **Вопрос:** *Если у Йоси Бен Кисма были какие-то скрытые неисправности, которые при общении с внешним миром могли раскрыться, то, как он, не выходя наружу, может их исправить?*

Как человек узнает свои недостатки, если он не находится рядом с людьми? Если он начинает работать, в нем раскрываются эти недостатки. Начинает работать на ту удаленную группу ради того, чтобы быть вместе с ними. Этого достаточно, чтобы его недостатки уже начали ему раскрываться. Он же эти недостатки находит не в других, они в нем самом, они должны проявиться изнутри него.

- **Вопрос:** *Как может быть, чтобы товарищ был большим, и в то же время существовала возможность с ним связаться как с товарищем, то есть на равных?*

Надо отделить одно от другого, и тогда получится. Иначе, конечно, нет. Он больший в чем-то одном, а в остальном он равный мне.

Это всегда парадокс: с одной стороны мы должны возвышать каждого товарища, как будто он главный праведник поколения, то есть выше меня в тысячу раз, а с другой стороны он, все равно, должен быть моим товарищем.

ПРИНЦИПЫ РАБОТЫ В ГРУППЕ

Подписано в печать 11.08.2011. Формат 70x90/32.
Печать офсетная. Печ.л. 12.
Тираж 1000 экз.
Заказ 3738.

Отпечатано с готовых файлов заказчика
в ОАО «Рыбинский Дом печати»
152901, г. Рыбинск, ул. Чкалова, 8.

www.ingramcontent.com/pod-product-compliance
Lightning Source LLC
LaVergne TN
LVHW101920220826
846093LV00009B/312

* 9 7 8 1 7 7 2 2 8 0 3 8 8 *